INDESTRUCTIBLE

ESPIRITU, ALMA Y CUERPO

Autora: *Claudia Middlesworth*

Tel: *001-224-6374600*

Email: *claudiamiddlesworth@gmail.com*

Diseño de portada: *Desingcrowd.*

Editora: *Luvinda*

Diagramacion: *Lic.Carlos Antonio Lobo*

Impresión: *Amazon.com*

Mayo, 2020, Chicago, Ilinois EE. UU

Claudia Middlesworth

Indestructible

DEDICATORIA

Al creador de mi vida, mi padre Dios Todo poderoso, el que me ha enseñado con su palabra

A creer y confiar en su voluntad, que es buena, agradable y perfecta.

Mi Dios maravilloso que me habla de diferentes maneras y que por su gracia y favor me da esperanza y una nueva oportunidad cada día.

A mis padres Carlos Lobo y Emma Rivera que con sus consejos me hacen entender, que las personas especiales huelen a sencillez y reflejan ese brillo que solo pueden ver los que de verdad me conocen.

A mi esposo Jeff Middlesworth que siempre me ha motivado y sin preguntar, me apoya en todos los proyectos que Dios pone en mis manos.

A mis hijos Emily, Zuma y Joseph los cuales son mi motor en todo lo que hago.

INDESTRUCTIBLE

CLAUDIA MIDDLESWORTH

Índice

MI ESPIRITU ALINEADO, AL PROPOSITO.

El espíritu humano es la parte incorporada del hombre. La biblia nos relata que el espíritu humano es el aliento de Dios todopoderoso, y que Dios sopló vida, "Sabemos que Jehová Dios formo al hombre del polvo de la tierra, y soplo en su nariz aliento de vida, y fue el hombre un ser viviente (Genesis 2:7) Es el espíritu humano que nos da una conciencia, de nosotros mismos, y otras notables, aunque limitadas cualidades. El apóstol del Pablo dijo. Porque ¿quién de los hombres sabe las cosas del hombre, sino el espíritu del hombre que está en él? Así tampoco nadie conoce las cosas de Dios, sino el espíritu de Dios (1 corintios 2:11)

Dios nos creó a su imagen y semejanza, nos hizo diferente, de los animales, por lo tanto, el hombre es capaz de pensar, sentir, amar, diseñar, crear y disfrutar de música, humor y arte. Y es por ese mismo espíritu humano que tenemos libre albedrio que ninguna otra criatura en la tierra posee.

GENESIS 1:26-27

ENTONCES DIJO DIOS HAGAMOS AL HOMBRE A SU IMAGEN, A IMAGEN DE DIOS LO CREO.

Como seres humanos debemos tener conciencia, que necesitamos cuidar nuestra salud, física, nuestra salud emocional, pero pensemos ¿qué hay de nuestro espíritu? ¿que sabemos de él, en qué lugar lo tenemos, conocemos como alimentarlo? ¿qué hacer para que podamos experimentar mayores cosas? ¿cómo esta tu espíritu? ¿Algún día en el silencio de la noche, en la oscuridad de un problema o en las circunstancias que se te presentan en la vida lo has analizado?

¿Haz echo una pausa para pensar, sobre tu espíritu? Te pregunto cuidadosamente y con mucho respeto, ¿crees que tiene la importancia de tu salud física y mental?, te lo explicare de la forma que el espíritu mismo me lo explicó a mí, cuando mis ojos fueron abiertos, a una nueva manera de pensar, entendí que yo no me dirigía sola, que había algo más que me movía, y me hacía más conocedora de lo que estaba bien o mal, supe que no era más importante una cosa que la otra, porque si fuimos creados a su imagen y semejanza, todo es importante en nuestras vidas, la palabra verdadera me enseña grandes versículos, donde pude entender que sucedió, con mi espíritu y de qué forma se puede restaurar, así como el espíritu humano fue soplado divinamente, fue también dañado en la caída cuando Adán peco, su capacidad de tener comunión con Dios se rompió; no murió ese día físicamente, pero murió espiritualmente. Desde entonces el espíritu humano ha soportado los efectos de la caída. Antes de la salvación, una persona, es presentada como alguien, espiritualmente muerta, andamos con vendas, aunque caminemos y vivamos en este mundo, si nuestro espíritu no está alineado con el de Dios, ciego somos, tenemos que hacernos una encuesta rigurosa a nosotros mismos, tú has sentido momentos de desconsolación, momentos de confusión o angustia, o que tal, si a veces haces las actividades de tu vida rutinariamente, pero al final sientes un vacío. No te has sentado a pensar, que quizás estas necesitado(a) de algo, ahora que sabes cuál fue el diseño de Dios en ti y en mí, vamos a ir al siguiente paso donde vamos a entrar en aguas más profundas, que nos refrescaran nuestra vida, porque todo ser humano debería saber, lo que Dios nos quiere enseñar basado en la palabra Santa.

Todo ser humano que, por fe, ha tomado la decisión de recibir a Cristo como su Salvador, una vez que ha creído en el mensaje del evangelio, es sellado por Dios con el Espíritu Santo. Recibe un sello que garantiza que ese creyente pertenece a Dios.

La biblia nos muestra que ningún incrédulo tiene el Espíritu Santo

ROMANOS 8:9

MAS NOSOTROS NO VIVIS SEGÚN LA CARNE, SINO SEGÚN EL ESPIRITU, SI ES QUE EL ESPIRITU DE DIOS MORA EN VOSOTROS, Y SI ALGUNO NO TIENE EL ESPIRITU DE CRISTO NO ES DE EL.

Por cuanto el Espíritu Santo, mora en el creyente, ese creyente debe vivir según el Espíritu Santo y no según la carne o según la vieja naturaleza.

EFESIOS 4: 22-23

EN CUANTO A LA PASADA MANERA DE VIVIR, DESPOJAOS DEL VIEJO HOMBRE, QUE ESTA VICIADO CONFORME A LOS DESEOS ENGAÑOSOS.

Y RENOVAOS EN EL ESPIRITU DE VUESTRA MENTE.

Para gozar del Espíritu Santo, tenemos que activar esa fe, creyendo en que él nos guiara a la verdad y a un conocimiento, lleno de sabiduría y nos ayudará, a destruir, el viejo hombre que solo nos hace seguir cometiendo errores, nuestra meta es renovar la mente y solo con la ayuda de su santo Espíritu veremos ese cambio, debes pensar, que todo lo que tenga un valor eterno en esta vida y en la eternidad viene a través del Espíritu Santo.

LUCAS 11:9-13

Y YO OS DIGO: PEDID Y SE OS DARA, BUSCAD, Y HALLAREIS, LLAMAD Y SE OS ABRIRA,

PORQUE TODO AQUEL QUE PIDE RECIBE: Y EL QUE BUSCA HALLA: Y AL QUE LLAMA SE LE ABRIRA.

¿QUE PADRE DE VOSOTROS, SI SU HIJO LE PIDE PAN, ¿LE DARA UNA PIEDRA? ¿O SI PESCADO, EN LUGAR DE PESCADO LE DARA UNA SERPIENTE?

¿O SI LE PIDE UN HUEVO LE DARA UN ESCORPION?

PUES VOSOTROS, SIENDO MALOS, SABEIS DAR BUENAS DADIVAS A VUESTROS HIJOS, ¿CUANTO MAS VUESTRO PADRE CELESTIAL DARA EL ESPIRITU SANTO A LOS QUE SE LO PIDAN?

Cuando llegamos a ser discípulos y recibimos el Espíritu Santo, este comienza a trabajar en nosotros, para transformarnos a la imagen de Cristo, todo creyente debe estar totalmente convencido de que lo necesita en su vida, tanto como el alimento que consume a diario, debemos ser entendidos porque motivo fue necesario que Dios enviara, al Espíritu santo para ser depositado, adentro de aquel, que ha activado su fe, y así hacer el propósito que tiene en esta vida.

Tu y yo sabemos que el Espíritu Santo nos da poder, y lo podemos verificar, en las sagradas escrituras, las cuales son las encargadas de abrir nuestros ojos, cuando entendemos ese poder, gozaremos de los beneficios de ser verdaderos hijos de Dios.

HECHOS 1:8

PERO RECIBIREIS PODER, CUANDO HALLA VENIDO SOBRE VOSOTROS EL ESPIRITU SANTO, Y ME SEREIS TESTIGOS EN JERUSALEN, EN TODA JUDEA, EN SAMARIA, Y HASTA LO ULTIMO DE LA TIERRA.

¿Porque este versículo nos habla de esta forma? Lo puedes comprender como directamente nos envía a ser testigos, de los milagros que vamos a vivir y de los cuales tenemos que hablar.

El milagro más grande que nos da el Espíritu Santo es entender esa palabra, conocer la verdad la que nos hace libre de sufrimiento, ataduras, miedos, escases, destrucción, y sobre todo a recibir lo más hermoso que nos puede ofrecer, la anhelada salvación.

HEBREOS 9:14

¿CUANTO MAS LA SANGRE DE CRISTO, MEDIANTE EL CUAL EL ESPIRITU ETERNO SE OFRECIO ASIMISMO SIN MANCHA A DIOS, LIMPIARA VUESTRAS CONCIENCIAS DE OBRAS MUERTAS, ¿PARA QUE SIRVAIS AL DIOS VIVO?

JUAN 15:26

ESTE NOS GUIARA A TODA LA VERDAD, MOSTRANDONOS Y HACIENDONOS RECONOCER NUESTRO PECADO, LA JUSTICIA Y EL JUICIO.

El Espíritu Santo es nuestro consolador.

ROMANOS 8:26

Y DE IGUAL MANERA EL ESPIRITU NOS AYUDA EN NUESTRA DEBILIDAD: PUES QUE HEMOS DE PEDIR COMO CONVIENE, NO LO SABEMOS, PERO EL ESPIRITU MISMO INTERCEDE POR NOSOTROS CON GEMIDOS INDECIBLES.

El Espíritu Santo es nuestro intercesor.

EFESIOS 4:12

A FIN DE PERFECCIONAR A LOS SANTOS PARA LA OBRA DEL MINISTERIO, PARA LA EDIFICACION.

El Espíritu Santo da dones.

EFESIOS 4:11

Y EL MISMO CONSTITUYO A UNOS APOSTOLES; A OTROS PROFETAS; A OTROS EVANGELISTAS; A OTROS PASTORES Y MAESTROS.

Como no anhelar tener esa presencia en nosotros si todo lo que ofrece es maravilloso, especial, único. Dejemos que el Espíritu Santo trabaje con nosotros, para que podamos llegar a adquirir lo que nos promete. Y seamos llenos de su fuerza, para que habite en nuestros corazones, humillémonos profundamente bajo la poderosa mano de Dios, a través de la guía de su Espíritu y dejemos que su gracia nos arrope. Sentirás su poder obrando de tal forma que no abra ninguna duda en ti que eres un verdadero hijo (a) de Dios.

HABITOS QUE IMPIDEN LA CONEXIÓN CON EL ESPIRITU SANTO

LA DUDA Y EL ORGULLO: Cuando dudamos de su existencia y blasfemamos cometemos el error más grande, porque el Espíritu Santo es tan real como lo que ves físicamente y hay evidencias de ello y lo podemos ver, en estas palabras que exclamo Jesús y que están plasmadas en su libro sagrado.

JUAN 14: 15

SI ME AMAIS, GUARDAD MIS MANDAMIENTOS.

Y YO ROGARE AL PADRE, Y OS DARA OTRO CONSOLADOR, PARA QUE ESTE CON VOSOTROS PARA SIEMPRE.

Y EL ESPIRITU DE VERDAD, AL CUAL EL MUNDO NO PUEDE RECIBIR, PORQUE NO LO VE, NI LE CONOCE; PERO VOSOTROS LE CONOCEIS, PORQUE MORA EN VOSOTROS, Y ESTARA EN VOSOTROS.

NO LOS DEJARE HUERFANOS, VENDRE A VOSOTROS.

TRADICION RELIGIOSA: La gente religiosa se encierra en la forma en la que están acostumbrados a hacer, cualquier otra señal es signo de locura, es muy difícil recibir al Espíritu Santo, si la mente y esa costumbre de religiosidad arraigada no ha sido liberada, solo el mismo cristiano puede tomar esa decisión, para tenerlo hay que estar totalmente dispuesto a romper con esa tradición.

MARCOS 7:7

MAS EN VANO ME RINDEN CULTO, ENSEÑANDO COMO DOCTRINAS PRECEPTOS DE HOMBRES.

HECHOS 17: 22 – 23

ENTONCES PABLO PONIENDOSE EN PIE EN MEDIO DEL AREOPAGO, DIJO VARONES ATENIENSES, PERSIBO QUE SOIS MUY RELIGIOSOS EN TODO SENTIDO, PORQUE MIENTRAS PASABA Y OBSERVABA LOS OBJETOS DE NUESTRA ADORACION, HALLE TAMBIEN UN ALTAR CON ESTA INSCRIPCCION: AL DIOS DESCONOCIDO PUES LO QUE VOSOTROS ADORAIS SIN CONOCER, ESO ANUNCIO YO.

EL PECADO: La biblia nos expone que el Espíritu Santo, puede ser apagado o contristado, cuando existe ese miedo en nuestras vidas, es una venda que no nos permitirá ver la sobrenaturalidad del Santo Espíritu.

EFESIOS 4:30

Y NO CONTRISTEIS AL ESPIRITU SANTO DE DIOS, CON EL CUAL FUISTE SELLADOS PARA EL DIA DE LA REDENCION.

1 TESALONOCENSES 5:19

NO APAGUEIS AL ESPIRITU.

MIEDO A LO SOBRENATURAL: Hay cristianos, que se desarrollaron en denominaciones donde no aceptaban la llenura del Espíritu Santo o sencillamente siempre tuvieron el tema sobre el Espíritu, como algo sin importancia, pero la verdad es que El Espíritu Santo, si existe, esta abalado por la palabra y hace demostraciones de su poder, porque en estos tiempos y siempre se ha movido de manera única, poderosa y sobrenatural. Lo que para muchos es fanatismo y locura, para otros como yo, es lo más sagrado que nuestro padre pudo habernos enviado a nuestras vidas. Sin el nada podemos hacer.

HECHOS 2:3-4

Y SE LES APARECIERON LENGUAS REPARTIDAS, COMO DE FUEGO, ASENTANDOSE SOBRE CADA UNO DE ELLOS.

Y FUERON TODOS LLENOS DEL ESPIRITU SANTO, Y COMENZARON A HABLAR EN OTRAS, LENGUAS. SEGÚN EL ESPIRITU LES DABA QUE HABLASEN.

UN ESPÍRITU INFLEXIBLE: Para recibir al Espíritu Santo primeramente tienes que sacar todo lo malo que está dentro de ti y esa es tu realidad, recuerda el libre albedrio que Dios nos da, es imposible estar lleno del Espíritu Santo si estas lleno de ti mismo, ese egocentrismo que no te permite dejarlo a él trabajar, hay que dejar a un lado nuestros propios pensamientos, deseos, planes, agendas, ocupaciones en general, El Espíritu Santo espera para dirigir a esa persona que lo anhela, lo necesita y lo busca, él no puede estar contigo en contra de tu voluntad, porque esa inflexibilidad no ayuda para que ocurran nuevas cosas en tu vida, en estos caminos tu fe no debe menguar o estas adentro o afuera, recuerda que a los tibios Dios los vomitara y aunque está hablando literalmente, nadie que no esté totalmente entregado y convencido, podrá tener parte con él.

1 JUAN 4:24

DIOS ESPIRITU Y QUIENES LO ADORAN EN ESPIRITU Y VERDAD ES NECESARIO QUE LO ADOREN.

2 TIMOTEO 1:7

PUES NO NOS HA DADO DIOS UN ESPIRITU DE COBARDIA, SINO DE PODER, DE AMOR Y DE DOMINIO PROPIO.

QUE HACER PARA RECIBIR LA LLENURA DEL ESPIRITU SANTO

El apóstol de Pablo nos enseñó que nosotros recibimos al Espíritu Santo en el momento que por fe creemos en Jesucristo como nuestro salvador. Corintios 12:13 declara, porque por un solo Espíritu fuimos bautizados en un cuerpo, sean judíos o griegos, sean esclavos o libres, y a todos se nos dio a beber de un mismo Espíritu, podemos entender que ya todos lo tenemos, ya mora en nosotros porque es el sello de salvación para todos los que hemos creído, pero mi consejo y experiencia personal y la de muchas personas que han compartido sus testimonios conmigo, me han hablado sobre cómo han obtenido una llenura, donde podemos sentir otra dimensión y quiero compartir este consejo; para mi es como una receta, de un plato que lleva mi firma. No soy conformista y siempre desde pequeña abrir mi mente y mis deseos de conocer ese poder hermoso y esas manifestaciones que podía ver, ya que crecí en un mover del Espíritu Santo tan grande que los milagros eran comunes y lo sobrenatural de Dios, estaba en cada servicio u actividad donde asistíamos. Es por ese motivo que nunca he tenido dudas de como buscar de su llenura, para mí la obediencia y hacer estos pasos, es algo tan necesario como el alimento que a diario mi cuerpo está exigiendo, solo tienes que disponer tu corazón y pedir fuerzas, porque El Espíritu lo pide, pero la carne va a querer lo que es de la carne, pero te aseguro que podrás vencer y experimentaras situaciones tan hermosas que no vas a poder callar de todo lo que hace por ti.

Es por el Espíritu Santo que estoy escribiendo en este momento ya que en mis fuerzas nada es posible, pero él es quien abre mi conocimiento y me da las palabras que tú necesitas para animarte a que avances un paso más, piensa que si Dios es infinito en su poder y gloria, tiene que haber algo más, no te conformes el Dios que nos creó, nos liberó y nos apartó para su propósito anhela que conozcas de las grandes cosas que hará por medio de ti, este libro no es ninguna casualidad, ya estaba el día, y la hora en que tú lo ibas a leer y en este momento El Espíritu Santo te está convenciendo que es hora de que te levantes, porque hay una dimensión más grande, cada parte de este libro ha ido abriendo tus ojos donde te va enseñando algo sobre la semejanza de Dios que eres tú y yo, si te ha convencido en algo, te puedo asegurar que no son mis palabras, sino lo que él te quiere explicar, lo que Dios quiere que entiendas y lo que necesita que pongas en práctica.

Yo, Claudia Middlesworth te ánimo, así como El Espíritu Santo me animó a mí y me convenció de que tenía que avanzar, en este momento con toda la pasión que tengo por las cosas de mi padre celestial, te reto que en fe, empieces a hacer estos tres sencillos pasos, solo te aconsejo, no lo hagas como los fariseos, hazlo donde nadie te ve, en tu secreto y veras como el mismo te honrara en público, no lo pienses más, hazlo recuerda que el tiempo que tienes, no es tuyo es de DIOS.

PASOS:

1. ORAR: Cuando oramos con humillación Dios ve esa actitud, al orar y pedir que nos llene con su Espíritu santo, él   nos   concederá   la   petición   si permanecemos en su obediencia, porque el padre anhela que nos llenemos de su presencia, que no nos quedemos en la orilla, sino que nos metamos a las aguas profundas donde podamos sentir todo lo que él tiene preparado para nosotros, a él le agrada que le busquemos, para que descubramos que sus promesas son verdaderas, tenemos un Dios grande

que nos quiere llenar de su poder y solo espera que vengamos con la fe inquebrantable ante el para obtener uno de los tantos regalos que hemos obtenido por su gracia y bendita misericordia.

EL AYUNO Y LA ACTITUD DE AMOR HACIA LOS QUE NECESITAN DE TI, EN EL AREA QUE DIOS TE INDIQUE.

Muchas veces tenemos la errante idea, que si ayunamos estamos ganando tota la bendición de Dios o su favor completo, pues permíteme decirte que no puedes pretender ayunar para ganar, esta es una de las cualidades de aquel cristiano (a) que quiere llenar su Espíritu además un ayuno sin amor al prójimo no te sirve de nada, porque cuando ves al caído y no lo levantas, cuando ves al necesitado y no lo ayudas, solo estas ayunando por tus panes y tus peces y ese ayuno no es agradable, ante los ojos de Dios, es necesario presentar una actitud que honre a Dios porque el señor espera que lo busquemos con humildad y que lo honremos como lo podemos lograr, siendo de bendición para otros y esta palabra mejor explicada la podremos encontrar en.

ISAIAS 58:6-8
¿NO ES MAS BIEN EL AYUNO QUE YO ESCOGI, DESATAR LAS LIGADURAS DE IMPIEDAD? SOLTAR LAS CARGAS DE OPRESION, Y DEJAR IR LIBRES A LOS

QUEBRANTADOS, ¿Y QUE ROMPAIS TODO YUGO?

¿NO ES QUE PARTAS TU PAN CON EL HAMBRIENTO, Y A LOS POBRES ERRANTES ALBERGUES EN CASA; QUE CUANDO VEAS AL DESNUDO LO CUBRAS, ¿Y NO TE ESCONDAS DE TU HERMANO?

ENTONCES NACERA TU LUZ COMO EL ALBA, Y TU SALVACION SE DEJARÁ VER PRONTO; E IRA TU JUSTICIA DELANTE DE TI, Y LA GLORIA DE JEHOVA SERA TU RETAGUARDIA.

LEER LAS SAGRADAS ESCRITURAS: La palabra de Dios nos dice, mi pueblo pereció porque le falto conocimiento. Si yo quiero llenarme del Espíritu Santo tengo que encontrarme con él, conocer como es el, que le gusta, como agradarlo en conclusión conocerle y como puedo encontrarlo, leyendo la palabra de Dios, hacer una verdadera relación lleva tiempo, lleva sacrificio, pero para que algo tenga un buen futuro tiene que tener un buen fundamento y solo lo vamos a lograr comiéndonos ese libro sagrado y así nadie nos podrá engañar, no seremos niños en la fe, para llenarnos del Santo Espíritu hay que estar maduros completamente y la madurez se logra conociendo a Dios esa revelación solo la puede dar su palabra que es viva, no puedo ser lleno de lo que yo no he creído y conocido, estamos obligados a permitir que la palabra entre a nuestra mente y corazón para que tengamos la revelación de quien es el y que hará en nuestras vidas, si le permitimos obrar, en su infinito poder y sabiduría Dios organizo, cada cosa con tanto cuidado y disposición para nosotros, él sabía exactamente que necesitaríamos, para aprender y luego gozar de tan majestuoso privilegio.

HEBREOS 4:12

PORQUE LA PALABRA DE DIOS ES VIVA Y EFICAZ, Y MAS CORTANTE QUE TODA ESPADA DE DOS FILOS; Y PENETRA HASTA PARTIR EL ALMA Y EL ESPIRITU, LAS COYONTURAS Y HASTA LOS TUETANOS, Y DISCIERNE LOS PENSAMIENTOS Y LAS INTENCIONES DEL CORAZON.

El Espíritu lleva a la persona a ese nuevo estilo de vida, es el que convence a cada uno de nosotros de buscarle, hay que anhelar el derramamiento continuo del Espíritu Santo, ese vino nuevo cada día, analizar nuestras vidas, en este caminar día a día tenemos que ser discipulados, aprendiendo más de él, hay que ver a Jesús como nuestra única posibilidad de ser aceptados, como dice su palabra yo soy el camino, la verdad y la vida y nadie viene al padre sino es por mí.

EL ALMA

Muchas veces escuchamos personas de diferentes creencias religiosas, teniendo debates acerca de este tema, respeto completamente el millón de opiniones que existen, pero como personas razonables, no vamos a entrar en discusión sobre absolutamente nada, porque a Dios no le agrada que utilicemos temas para confrontarnos, lo que tomaremos en cuenta, y a mi punto de vista lo único que necesitamos es la sagrada escritura, este hermoso libro, es el que aclara todo para que no caigamos en errores, todo está aquí, pido al padre que cualquier argumento, sea quitado de las mentes, si les especifico esta parte, es porque quienes enfrenta el tema, siempre hablan sobre si el alma es eterna o no? En Oseas 4:6 hay un versículo maravilloso que nos explica, que como pueblo perecemos por falta de conocimiento, y como ya sabemos el conocimiento es la acumulación de lo que hemos aprendido. Muchas veces nos llenamos de conocimiento de teoría, pero lo único verdadero es la escritura, la que nos dice esa verdad, como nuestro padre desea que la tengamos gravada en el corazón. Por esa misma razón, nos pide que no seamos sabios en nuestra propia opinión, pues él es la sabiduría y de cada pregunta tiene la respuesta. Así que únicamente indagaremos en las sagradas escrituras, todo sobre el alma, les recuerdo que es parte importante porque la alineación es de espíritu, alma y cuerpo. Nos tenemos forzosamente que enfocar en las tres áreas, porque así fuimos diseñados y con la ayuda de Dios lo vamos a lograr. Porque según la biblia, el ser humano es tripartito (espíritu, alma y cuerpo) esto lo puedes encontrar en:

1 TESALONISENCES 5:23

Y QUE EL MISMO DIOS DE PAZ OS SANTIFIQUE POR COMPLETO; Y QUE TODO VUESTRO SER, ESPIRITU, ALMA Y CUERPO, SEA PRESERVADO IRREPRENSIBLE PARA LA VENIDA DE NUESTRO SEÑOR JESUCRISTO.

El cuerpo es la parte física del hombre, diremos que es el estuche que porta el espíritu y nuestra alma, porque contamos con un cuerpo, podemos ingerir alimentos, dormimos, corremos y descansamos, en general, porque tenemos un cuerpo, somos capaces de realizar diferentes actividades. Por otra parte, el alma es la parte del ser humano, donde están las emociones, la mente y nuestra voluntad, es importante saber que el alma distingue al ser humano de los demás seres existentes sobre la tierra, agregare que el alma te destaca a ti y a mí como un ser único y diferente. Aunque nuestro espíritu ha renacido y es hecho nuevo en el momento que aceptamos a Cristo, el alma no puede nacer de nuevo, nuestras almas son transformadas por la renovación de nuestra mente, así lo confirma.

ROMANOS 12:2

NO OS CONFORMEIS A ESTE SIGLO, SINO TRANSFORMAOS POR MEDIO DE LA RENOVACION DE NUESTRO ENTENDIMIENTO, PARA QUE COMPROBEIS CUAL SEA LA BUENA VOLUNTAD DE DIOS, AGRADABLE Y PERFECTA.

Además de esto la biblia nos explica que a pesar de que nuestros espíritus nacen incorruptibles, nuestras mentes y almas todavía necesitan ser purificados. Así como Adán y Eva perdieron la pureza de su alma, nos transmitieron esa mancha a la humanidad. A esto se le llama concupiscencia. (tendencia del hombre al mal) es como una herencia que no pedimos, pero la gran noticia es que nuestra alma es purificada por Dios cuando nos arrepentimos de nuestros pecados y pasamos a andar en obediencia y la verdad, que es la palabra de Dios. Antes de ese arrepentimiento estamos muertos en delitos y pecados, aunque caminamos, estamos ciegos en este mundo y solo la mano de Dios nos puede ayudar a salir de esa oscuridad.

1 PEDRO 1:22

HABIENDO PURIFICADO VUESTRAS ALMAS POR LA OBEDIENCIA MEDIANTE LA VERDAD, MEDIANTE EL ESPIRITU, PARA EL

AMOR FRATERNAL NO FINGIDO AMAOS UNOS A OTROS ENTRAÑABLEMENTE, DE CORAZON PURO.

JUAN 14:21

EL QUE TIENE MIS MANDAMIENTOS, Y LOS GUARDA ESE ES EL QUE ME AMA: Y EL QUE ME AMA, SERA AMADO POR MI PADRE, Y YO LE AMARE, Y ME MANIFESTARE EN EL.

Si nuestra alma está en obediencia a la verdad (palabra verdadera) vivirá la eternidad con Dios; si está en desobediencia a la verdad, entonces vivirá la eternidad en el lago de fuego y azufre, es decir la segunda muerte. La palabra de Dios si lees con cuidado te está exponiendo, que alma es la persona esencial creada por Dios, es la esencia del ser mismo. Es la parte silenciosa, invisible, misteriosa, nuestra alma dirige nuestra parte frágil, y a la vez es indestructible, es esa parte que está luchando para ser eterna. Fue creada por Dios, todos tenemos un alma viviente que dura para siempre si cuidamos la salvación con temor y temblor, tu alma y mi alma vale más que ganar todo lo que ofrece este mundo, palabras dichas por Jesús. En Mateo 16:26 pues ¿qué provecho obtendrá un hombre si gana el mundo entero, pero pierde su alma? Nuestra alma realmente forma las bases de quien somos. El alma debe estar enfocada en anhelar más de Dios, recuerdas al Rey David cuando le ordenaba a su alma bendecir a Jehová, el alma también tiene necesidades.

SALMOS 42: 1-2

COMO EL CIERVO BRAMA POR LAS CORRIENTES DE LAS AGUAS. ASI CLAMA POR TI, OH DIOS EL ALMA MIA.

MI ALMA TIENE SED DE DIOS, DEL DIOS VIVO.

SALMOS 63:1

DIOS, DIOS MIO ERES TU; DE MADRUGADA TE BUSCARE;

MI ALMA TIENE SED DE TI, MI CARNE TE ANHELA EN TIERRA SECA Y ARIDA DONDE NO HAY AGUAS.

SALMOS 25:1

A TI, OH JEHOVA, LEVANTARE MI ALMA.

SALMOS 84:2

ANHELA MI ALMA Y AUN ARDIENTEMENTE DESEA LOS ATRIOS DE JEHOVA; MI CORAZON Y MI CARNE CANTAN AL DIOS VIVO.

SALMOS 63:8

ESTA MI ALMA APEGADA A TI; TU DIESTRA ME HA SOSTENIDO.

SALMOS 62: 1-2

EN DIOS SOLAMENTE ESTA ACALLADA MI ALMA;

DE EL VIENE MI SALVACION.

EL ES MI ROCA Y MI SALVACION;

ES MI REFUGIO, NO RESBALARE MUCHO.

Nuestra alma anhela fervientemente los atrios de Jehová, porque solo allí encontramos la plenitud, tiene conocimiento, que solo en el esta su salvación, no puede ser saciada con nada, de este mundo, porque fue creada para caminar con Dios y sus necesidades, solo pueden ser saciadas con él. Podemos dejar que nuestra alma se marchite y también podemos perder nuestra alma, sino buscamos la verdad y andamos en ella antes que sea demasiado tarde.

Escuchemos a Dios como nos habla, él nos explica claramente, para que podamos encontrar, el mejor camino para nosotros, Aceptemos sus preceptos, su existencia es más grande de lo que podamos imaginar, rindamos nuestras vidas completas a él, Dios quiere que vivamos una eternidad en ese lugar hermoso que se fue a preparar, él envió a su hijo amado, que amor tan inmenso, nos ha demostrado, tú que estas leyendo este libro, si has sido tocado(a) quiero decirte que tú eres la puerta que Dios abrió para que tu familia entre a este plan divino y que su alma no sea perdida, sino que ganada, para la gloria de Dios, imagina lo hermoso que será estar en una eternidad, con tu familia, con los que amas y te aman, adorando al Dios vivo, toma la decisión de humillarte ante la presencia del gran yo soy, no porque te lo estoy diciendo, mi trabajo es compartir el mensaje, porque mi creador nos ha encomendado esa gran misión, pero en el amor de Dios, sinceramente, te animo a creer que el espera por ti y toda tu casa, estas cansado(a) aturdido ¿con problemas? Así te quiere Jesucristo nuestro salvador, tu alma y la de los tuyos es tan valiosa para el que, con una gota de su sangre, ¡¡nos salvó!! No lo hagas esperar, el bien es para ti. Él está sentado en su trono, nosotros necesitamos de él.

Haz una sencilla y corta oración, Dios no necesita palabrerío, solo un corazón contrito y humillado ante su presencia. Reconcilia tu alma ante su creador, estas en sus propósitos.

¡¡La decisión es tuya!! ¡Este día es especial! Porque la salvación toco la puerta de tu corazón. Te amo y te bendigo en el nombre de JESUS.

ORACION DE FE

SEÑOR JESUS, YO TE ACEPTO COMO MI UNICO

Y SUFICIENTE SALVADOR DE MI VIDA Y DE MI ALMA,

PERDONAME POR TODO LO QUE TE HE OFENDIDO,

DE PENSAMIENTO, PALABRA Y OBRA; LAVAME

CON TU PRECIOSA SANGRE;

ESCRIBE MI NOMBRE EN EL LIBRO DE LA VIDA.

SELLAME CON TU SANTO ESPIRITU.

GRACIAS SEÑOR POR TU PERDON.

AMEN

Si hiciste esta corta oración, te invito a visitar un local donde se adore a Dios y se hable palabra verdadera, así tu alma será alimentada con lo que te está pidiendo.

Recuerda el compromiso, es contigo mismo, para tu salvación eterna.

¡Disfruta esos encuentros maravillosos, entra a las aguas profundas de esta nueva vida en Cristo Jesús! También Dios espera que seas de bendición para otros, no calles de las maravillas de la salvación, comparte tu experiencia, por amor a nuestro Dios y al prójimo es necesario que la verdad sea expandida, si nosotros no hablamos, las piedras hablaran.

Hay muchos con hambre de esta palabra. Así como llego a tu vida, creo que podemos llevarla a otros. Presentando esta palabra, ofreceremos tu y yo una oportunidad de vida.

SALUD LA BENDICION MAS HERMOSA

Iniciaremos aprendiendo sobre salud, que es la salud: Es un estado en que un ser u organismo vivo no tiene ninguna lesión, ni padece ningún tipo de enfermedad y ejerce con normalidad todas sus funciones, quiero hacer énfasis en cada una de mis palabras porque además de ser mi opinión este conocimiento lo tomo del padre ya que él nos entregó en nuestras manos una tierra maravillosa para habitar, con 400.000 especies de plantas de las cuales 300.000 son comestibles y de estas 300.000 solo consumimos alrededor de 200.000 pero como su perfección no tiene fin, él sabía que los seres humanos necesitaríamos esas deliciosas plantas comestibles para poder vivir y mantener una salud plena, Dios nos creó perfectos a su imagen y semejanza, el no creo enfermos, porque todos hemos nacido con un propósito él no nos mandaría a este mundo a sufrir, la bendición de Dios es que estemos saludables, cuáles son las señales de que tu cuerpo esta saludable.

1. Coagulación rápida: Si tus cortes y heridas cicatrizan normalmente, significa que gozas de buena salud.

2. Tu peso: El ejercicio periódico y una alimentación balanceada determinaran un peso saludable.

3. Tu evacuación: Defecar una o dos veces al día, indica que tu consumo es adecuado.

4. Ritmo del corazón: El ideal estará entre 60 y 80 latidos por minuto y tu presión arterial debe estar entre los 120/80.

5. Sueño regular: La poca facilidad para dormir y las horas de sueño después de las 12:00 pm puede favorecer la diabetes e hipertensión.

6. El color de tu orina: Debe ser de color amarillo claro, si comes remolacha o zanahoria el color puede variar.

7. La forma de tu cuerpo: Un cuerpo con forma de manzana indica que la grasa se acumula en el vientre, por el consumo excesivo de calorías.

8. Uñas sanas: Deben ser rosadas, lisas y algo suaves.

9. Tienes energía: El cansancio y fatiga son síntomas de alerta.

10. Mente sana: Atrae pensamientos positivos a través del ejercicio, ayuno y oración.

Es una obligación y compromiso personal cuidar de nuestro cuerpo, una de las bendiciones más grandes que recibimos al venir a la tierra es la de un cuerpo físico saludable, nuestros cuerpos son tan importantes que nuestro padre los llamo su templo y morada del Espíritu Santo.

1 CORINTIOS 3:16 – 17 ¿NO SABEIS QUE SOIS TEMPLO DE DIOS Y QUE EL ESPIRITU DE DIOS MORA EN VOSOTROS?

SI ALGUNO PROFANARE EL TEMPLO DE DIOS, DIOS LE DESTRUIRA A EL, PORQUE EL TEMPLO DE DIOS, EL CUAL SOIS VOSOTROS, SANTO ES.

Ahora que ya te distes cuenta de la gran bendición que Dios te ha dado al crearte con un cuerpo físico, al darte los órganos cada uno con una función específica y una tierra con todo lo que necesitas para vivir, porque no le das gracias a DIOS y te haces una evaluación de como estas físicamente, como se siente tu cuerpo, como se ve, que le has dado, como lo has alimentado, nuestros cuerpos son un templo hermoso donde habita lo más grande y puro que existe, nuestro consolador, nuestro guiador que nos lleva a toda verdad, ahora piensa lo estas dejando vivir en un verdadero templo? O por lo contrario lo descuidaste olvidando que, sino tomabas las mejores decisiones por tu cuerpo, la consecuencia es una enfermedad, como estas en este momento, como te sientes, ¿tienes esa bendición hermosa? ¿O estas quejándote, culpando a Dios que te quite la enfermedad que tienes? Él puede hacerlo porque su poder no tiene límites, su palabra dice en:

ISAIAS 53:4 ciertamente llevo nuestras enfermedades y sufrió nuestros dolores, y nosotros le tuvimos por azotado, por herido de Dios y abatido.

Dios nos explica en su hermosa palabra todo sobre gozar de una perfecta salud, mi anhelo es que este mensaje te llegue a ti como nos llegó a mi esposo y a mí, recuerda que la palabra de Dios es lumbrera a nuestros pies.

A continuación de detallare a la luz de las sagradas escrituras consejos hermosos que nos ayudaran a entender que hacer, Dios tu creador espera que los pongas en práctica.

PROVERBIOS 4:20 – 22

HIJO MIO, ESTA ATENTO A MIS PALABRAS, INCLINA TU OIDO A MIS RAZONES, PORQUE SON VIDA A LOS QUE LAS HALLAN Y MEDICINA A TODO SU CUERPO.

En la página número uno leíste las señales de una buena salud, ahora conoce que tienes que hacer.

1. **COME SANO**:
   LEVITICO 10:10 PARA PODER DISCERNIR ENTRE LO SANTO Y LO PROFANO, Y ENTRE LO INMUNDO Y LO LIMPIO.

   POVERBIOS 23:20-21 NO ESTEIS CON LOS BEBEDORES DE VINO, NI CON LOS COMEDORES DE CARNE, PORQUE EL BEBEDOR Y EL COMILON EMPOBRECERAN, Y EL SUEÑO HARA VESTIR VESTIDO ROTOS.

   PROVERBIOS 25:26 ¿HALLASTES MIEL? COME LO QUE TE BASTA, NO SEA QUE ASTIADO DE ELLA LA VOMITES.

2. **HAZ EJERCICIO**:
   PROVERBIOS 21:25 EL DESEO DEL PEREZOSO, LE MATA, PORQUE SUS MANOS NO QUIEREN TRABAJAR.

   PROVERBIOS 31:17 CIÑE DE FUERZAS SUS LOMOS, Y ESFUERZA SUS BRAZOS.

3. **DESCANSA BIEN:**
   SALMOS 4:8 EN PAZ ME ACOSTARE Y ASIMISMO DORMIRE, PORQUE SOLO TU ME HACES VIVIR CONFIADO.

   SALMOS 127: 2 POR DEMAS ES QUE NOS LEVANTEIS DE MADRUGADA Y VALLAS TARDE

A REPOSAR Y QUE COMAIS PAN DE DOLORES; PUES QUE A SU AMADO DARA DIOS EL SUEÑO.

ECLESIASTES 5:12 DULCE ES EL SUEÑO DEL TRABAJADOR.

4. **NO COMETAS EXCESOS:**

1 CORINTIOS 9:25 TODO AQUEL QUE LUCHA, DE TODO SE ABSTIENE; ELLOS A LA VERDAD PARA RECIBIR UNA CORONA CORRUPTIBLE, PERO NOSOTROS, UNA INCORRUPTIBLE.

FILIPENSES 4:5 NUESTRA GENTILEZA SEA CONOCIDA ENTRE LOS HOMBRES.

5. **DEBES TENER BUENAS RELACIONES CON TUS SEMEJANTES.**

PROVERBIOS 16:24 PANAL DE MIEL SON LOS DICHOS SUAVES; SUAVIDAD AL ALMA Y MEDICINA PARA LOS HUESOS.

PROVERBIOS 27:9 EL UNGÜENTO Y EL PERFUME ALEGRAN EL CORAZON, Y EL CORDIAL CONSEJO DEL AMIGO AL HOMBRE.
PROVERBIOS 27:17 HIERRO CON HIERRO SE AGUZA, Y ASI EL HOMBRE AGUZA EL ROSTRO DE SU AMIGO.

6. **OPTIMISMO**

PROVERBIOS 17:22 EL CORAZON ALEGRE CONSTITUYE BUEN REMEDIO MAS EL ESPIRITU TRISTE SECA LOS HUESOS.

FILIPENSES 4:8 POR LO DEMAS, HERMANOS MIOS, TODO LO QUE ES VERDADERO, TODO LO HONESTO, TODO LO JUSTO, TODO LO PURO, TODO LO AMABLE, TODO LO QUE ES DE BUEN NOMBRE; SI HAY VIRTUD ALGUNA, SI ALGO DIGNO DE ALABANZA, EN ESTO PENSAD.

7. **NUNCA DESCUIDES TU RELACION CON DIOS**

PROVERBIOS 4:23 SOBRE TODA COSA GUARDADA, GUARDA TU CORAZON, PORQUE DE EL MANA LA VIDA.

ISAIAS 40:29-31 EL DA FUERZAS AL CANSADO Y MULTIPLICA LAS FUERZAS, AL QUE NO TIENE NINGUNAS, LOS MUCHACHOS SE FATIGAN Y SE CANSAN, LOS JOVENES FLAQUEAN Y CAEN, PERO LOS QUE ESPERAN EN EL SEÑOR TENDRAN NUEVAS FUERZAS; LEVANTARAN ALAS COMO LAS AGUILAS; CORRERAN, Y NO SE CANSARAN, CAMINARAN Y NO SE FATIGARAN.

MALAQUIAS 4:2 PERO PARA USTEDES QUE ME HONRAN, MI JUSTICIA BRILLARA COMO

LA LUZ DEL SOL, QUE EN SUS RAYOS TRAE
SALUD.

Como ya tienes los consejos de nuestro maestro
por excelencia, a continuación, te mostrare los hábitos
que dañan nuestra salud.

Consciente o inconscientemente a diario prácticas
esos hábitos, pero es lastimoso que, teniendo el manual
de vida, la biblia.

Una y otra vez lees el mismo versículo y no has
comprendido que está explicando que hacer y que no
hacer, Dios no te quiere ver en condición de enfermo,
Dios no te quiere ver destruido, abatido él nos ha dado
vida y vida en abundancia, disfruta de esa salud, hay
tiempo para cambiar estos malos hábitos, hoy y ahora es
el mejor tiempo en tu vida, empieza ya.

HABITOS QUE PUEDEN DAÑAR LA SALUD

1- NO DORMIR LAS HORAS NECESARIAS.

2- LA VIDA SEDENTARIA. (FALTA DE ACTIVIDAD
FISICA)

3- NO PROTEGER LA PIEL.

4- LA MALA ALIMENTACION.

5- EL ESTRÉS.

6- ESTAR PENDIENTE DE DISPOSITIVOS
ELECTRONICOS.

7- ABUSO DE MEDICAMENTOS.

8- TABACO Y ALCOHOL

De este día en adelante haz un compromiso con Dios, agradece que te regalo un cuerpo con salud, no lo culpes de tus malas decisiones y empieza a cambiar todo lo que anteriormente hiciste mal, la buena noticia es que Dios es misericordioso y nos da nuevas oportunidades para reconocer nuestros errores, aprender de ellos y continuar, es tu responsabilidad de cuidar de ti mismo(a) ya Dios hizo la parte más difícil, él es tan hermoso, puedes agradecer y pedir que te llene de fuerzas para tomar ese camino donde harás todo por cuidar tu salud, si por el contrario hay un mal diagnostico en tu cuerpo y tu salud está deteriorada, te invito a creerle a Dios, y saber que tenemos al médico de médicos de nuestra parte y el creador de la ciencia es quien tiene la última palabra si este libro llego a tus manos es porque no es tu tiempo de morir, creo fielmente que el que dio su vida en la cruz del calvario por las enfermedades se llevó esa enfermedad cautiva.

ISAIAS 53:5
MAS EL, HERIDO FUE POR NUESTRAS REBELIONES, MOLIDO POR NUESTROS PECADOS; EL CASTIGO DE NUESTRA PAZ FUE SOBRE EL, Y POR SU LLAGA FUIMOS NOSOTROS CURADOS.

Dios te quiere sorprender con una sanidad, esa salud que los medicamentos no te han permitido ver, pero antes de recibirla si tu no has entregado tu corazón ríndeselo a Dios, cuando entregamos nuestra vida a Cristo Jesús, tenemos la herencia de una vida en victoria, sanidad, restauración, liberación, y todo lo bueno que proviene del alto y sublime.

ORACION DE FE

Dios tu eres el señor, y creo con mi corazón que te levantaste de los muertos y llevaste las culpas de la humanidad, enfermedades y pobrezas hoy quiero ser salvo, inscribe mi nombre en el libro de la vida, entrego mis cargas a ti, activo mi fe y declaro que por tus llagas ahora soy sano(a) en el nombre de JESUS. AMEN

ESTADO FISICO Y EMOCIONAL

Con anterioridad conocimos el estado de salud que Dios quiere que presentemos en nuestras vidas, pero el cómo un padre bueno y sabio nos enseña que al tener un estado físico estable ganaremos el estado emocional que necesitamos.

¿Qué es estado emocional?

Cuando hablamos de estado emocional nos referimos especialmente a nuestro bienestar mental en general, incluye lo que sientes sobre ti mismo, la calidad de tus relaciones y tu capacidad para manejar los sentimientos y hacer frente a las dificultades que se nos presentan en el diario vivir.

Las personas que tienen una buena salud emocional son aquellas que mantenemos una armonía entre lo que pensamos, lo que sentimos y lo que hacemos.

En la palabra santa, encontramos ejemplos donde Dios nos dice como tenemos que estar emocionalmente en:

PROVERBIOS 12:25

LA ANSIEDAD EN EL CORAZON DEL HOMBRE LO DEPRIME, MAS LA BUENA PALABRA LO ALEGRA.

En este versículo te das cuenta de que Dios sabe que la depresión existe, pero él nos da la clave para la salida y es su palabra, cuando somos inundados por pensamientos negativos nos daña completamente nuestro estado emocional, como lo dije anteriormente tu mente acepta cada palabra positiva o negativa que tú le das, es por ese motivo que existe la vacuna que es capaz de contrarrestar todo lo malo que esos pensamientos quieran hacer y así dañaremos el propósito maligno. Como seres humanos creados con semejanza divina tenemos la necesidad de alimentarnos mentalmente, así como el cuerpo se alimenta de comida, así la mente necesita tener especial cuidado, es por eso por lo que hoy Dios te da una clave más para que conozcas que su sabiduría va más allá de lo que puedas pensar o imaginar.

EZEQUIEL 3:3

LUEGO ME DIJO HIJO DE HOMBRE, COMETE EL ROLLO QUE ESTOY DANDO HASTA QUE TE SACIES, Y YO ME LO COMI Y ERA TAN DULCE COMO LA MIEL.

Su palabra es como dulce miel aquel que tiene el deseo de escudriñarla, es esa fuente de agua que sacia y llena de sabiduría. Como podemos pretender que vamos a tener una mente positiva y una salud mental donde no hay conocimiento sin la palabra no tenemos esa lumbrera a nuestros pies que nos guía hacia dónde dirigirnos, por esa misma razón en este tiempo difícil, confuso lo que la gente proclama es el miedo, temor, terror, depresión y ansiedad porque no ha buscado la fuente que es real, incomparable y la única que ayudara en su caminar. En el versículo de Isaías nos da un claro ejemplo de cómo esta nuestra mente sin Dios.

Recuerda que sin él nos encontramos en total oscuridad y así están nuestras emociones, perdidas y llenas de diversos temores.

ISAIAS 21:4

DESVARIA MI MENTE, EL ESPANTO ME SOBRECOGE; EL ANOCHECER QUE ANHELABA SE ME CONVIRTIO EN TERROR.

Podemos observar cómo llega el espíritu de temor a las vidas, ese espíritu de gran manera deshidrata tu mente y la hace entrar en un estado débil, donde hay desesperación, angustia, temor y sobre todo preocupaciones que naturalmente no llegan del corazón de nuestro padre celestial quien nos enseña a tener la mente de Cristo a depender de su voluntad que es buena, agradable y perfecta, cuando Jesús iba a la cruz para ser crucificado en ningún momento se turbo su mente, porque el sabia con certeza en quien estaba confiando y cuál era el propósito por el cual lo hacía, en el momento donde tu mente cambie de ruta, tienes que arrodillarte y pedirle a tu padre que entre a tu mente y la renueve para poder vencer todos los espíritus malignos que te turban y llenan de dudas, solo tienes dos opciones sufrir o buscar la respuesta anhelada, te aseguro con la sinceridad de mi corazón que Dios te ayudara, todo lo que pongas en tus rodillas va a resucitar, no por tus fuerzas sino por las fuerzas de nuestro señor Jesucristo.

Necesitamos entender que es el deseo de Dios que estés con una salud emocional estable donde tu copa rebose de gozo, no de preocupaciones no hay motivo alguno para dar cabida a pensamientos que destruyen nuestro diario vivir, no podemos sobrevivir en un mundo creado para estar en VICTORIA.

Como estas sintiendo en este momento, Dios ve y escucha tu estado él quiere verte en la cima de la montaña tu salud emocional ayuda en todo lo que te propongas si Dios te creo con propósito es porque te lleno de su Espíritu, te lleno de capacidades e hizo de ti esa mujer y ese hombre, con el cual él cuenta para expandir su reino él no te puede enviar a llenar un cántaro de agua cuando el tuyo está roto y vacío, cuando sentimos que nuestra vida está llena de dificultades, cuando nos sentimos solos, confundidos, ansiosos, depresivos, tristes, llenos de temores estamos completamente infectados de una mala y desagradable salud mental, como nos confronta la biblia con respecto a este tema.

ROMANOS 12:2

NO OS CONFORMEIS A ESTE MUNDO; MAS BIEN, TRANSFORMAOS POR LA RENOVACION DE

VUESTRO ENTENDIMIENTO, DE MODO QUE COMPROBEIS CUAL SEA LA VOLUNTAD DE DIOS, BUENA, AGRADABLE Y PERFECTA.

Dios nos pide que renovemos nuestro entendimiento, nuestra mente porque sabe que es la única arma que puede ser utilizada para nuestro beneficio o destrucción, no has escuchado que tú eres el enemigo más grande que tienes y ese enemigo se manifiesta en diversas maneras, en tu estado de ánimo alto y bajo, eso para ti puede ser muy común y hasta normal, pero no es la voluntad de Dios, puedes verlo en tus decisiones temporadas acertadas y tiempos donde no utilizaste el sentido común Dios nos dio libre albedrio, pero antes en su sabiduría él nos enseñó sobre el bien y el mal ahora tú debes elegir, una vida mediocre o una vida de vencedor (a) la biblia nos recalca en muchos ejemplos como tomando malas decisiones tuvieron malas experiencias al final y hubieron consecuencias, cuando tienes una estrecha relación con Dios tu salud emocional va a ir en aumento no existen alternativas que sustituyan lo que Dios puede hacer a través de su bendita palabra.

Te animo en el amor del señor que no predominen tus sentidos, sino en la fe en la verdad escrita y la dependencia en el Espíritu de Dios. En este punto de la vida en que te encuentras tienes que estar realista pero lo más importante es aceptar lo que podemos lograr en nuestras fuerzas y lo que solo Dios puede hacer, tu salud mental es un motor que mueve ese cuerpo físico y en mi experiencia te puedo decir que si no hay un balance sin tu darte cuenta estas perdiendo la carrera.

No menosprecies lo que Dios quiere hacer en ti anteponiendo tus razones y sentimientos, reposar en Dios y deleitarse en cada una de las palabras que nos dice en su libro sagrado es la mejor decisión que puedes tomar para tu salud emocional y física.

2 CORINTIOS 13:11

EN CUANTO A LO DEMAS HERMANOS, REGOCIJAOS, SED MADUROS; SED CONFORTAOS; SED DE UN MISMO SENTIR. VIVID EN PAZ, Y EL DIOS DE PAZ Y AMOR ESTARA EN VOSOTROS.

Como ser humano con razonamiento, puedo elegir en este momento al leer este tema que tengo la capacidad de tomar mis decisiones al poner atención a mis emociones, una salud emocional alta te posicionara en lugares que nunca imaginaste, en situaciones que no esperabas, lo bueno llegara a ti cuando creas que tú puedes controlar esas emociones negativas que solo te alejan, del propósito, de lo que amas y de las oportunidades que ya están preparadas para ti.

¿Qué hacer para tener una salud emocional sana?

Primeramente tienes que pensar en ti como un vehículo que llevas muy rápido, más del límite que deberías estar corriendo y llego el tiempo de frenar ese vehículo y darle el mantenimiento necesario, recuerda que nuestro cuerpo y mente forman parte de un sistema, si me preguntas las razones hay muchas, primeramente porque Dios así lo establece, segundo por ti mismo tu salud física depende en un 100% de tu salud emocional, tercero tus padres son importantes en tu vida y deberías honrarlos con tu presencia, tu familia la que ha construido y sino la tienes la que Dios te permitirá tener, por tus amistades esas personas fieles, integras que has llegado a querer como a los de tu sangre. Tú puedes agregar todas las razones que existen para que puedas poner en práctica estos fáciles pero útiles consejos.

CONSEJOS SALUDABLES PARA UNA SALUD FISICA Y EMOCIONAL

1. **PRIMERAMENTE, ACEPTAR EL PROBLEMA Y PEDIR AYUDA.**

SALMOS 91:15
ME INVOCARA, Y YO LE RESPONDERE; CON EL ESTARE YO EN LA ANGUSTIA; LO LIBRARE Y LE GLORIFICARE.
Las iglesias cuentan con programas de consejerías dadas por los pastores o personas especializadas en la materia, puedes obtener ayuda acercándote a tus líderes Espirituales.

2. **DESCANSAR** (Busca tener un sueño de calidad)
MATEO 11:28

VENID A MI TODOS LOS QUE ESTEN TRABAJADOS Y CARGADOS Y YO OS HARE DESCANSAR.

No se refiere solo en la noche, sino esos intervalos de tiempo en que puedes estar tranquilo (a)

3. **COMER DE FORMA SALUDABLE.** (Alimenta tu cuerpo con lo que de verdad necesitas, existen tipos de comidas que nos hacen sentir tristes o nos enferman)

HEBREOS 5:14
PERO ALIMENTO SOLIDO ES PARA LOS QUE HAN ALCANZADO MADUREZ, PARA LOS QUE POR EL USO TIENEN LOS SENTIDOS EJERCITADOS EN EL DISCERNIMIENTO DEL BIEN Y DEL MAL.

4. **NECESITAS ORAR.**

HEBREOS 4:16
ACERQUEMONOS   PUES, CONFIADAMENTE AL TRONO DE LA GRACIA, PARA ALCANZAR MISERICORDIA Y HALLAR GRACIA PARA EL OPORTUNO SOCORRO.

(Meditar en Dios ese momento donde nos conectamos con el creador de nuestras vidas, nos hace entrar en un nivel de serenidad, paz y confianza interna, la cual podremos expresar externamente, busca un tiempo y espacio donde solo seas Dios y tu calmando tu mente y platicando muchas veces sin decir nada, te puedo asegurar que entraras como oveja sola y saldrás como un poderoso león o leona llena de la grandeza que proviene de lo más alto y sublime, del Dios todopoderoso, el que fue el que es y que será, el único que tú y yo necesitamos en nuestras vidas.

5. **NO TE COMPLIQUES CON TUS PENSAMIENTOS.**

ISAIAS 55:8
PORQUE MIS PENSAMIENTOS NO SON VUESTROS PENSAMIENTOS, NI VUESTROS CAMINOS MIS CAMINOS, DICE JEHOVA.

Tus pensamientos negativos se vuelven inútiles cuando no te llevan a ninguna solución, lo único que hacen es que gastes tu tiempo y preocupes tu mente, esto daña en gran manera tu salud mental y por lo concerniente física, el 90 % de las preocupaciones en las que pensamos diariamente están fuera de nuestro control y nosotros consciente o inconscientemente le damos valor repitiendo varias veces ese pensamiento de preocupación.

6.   DEBES TENER ORDEN EN TU VIDA.

PROVERBIOS 16:9
EL CORAZON DEL HOMBRE PIENSA SU CAMINO; MAS JEHOVA ENDEREZA SUS PASOS.

Hacer una agenda sencilla donde existan horarios, rutinas para cada movimiento en tu vida, además de esto organiza tus prioridades por tiempo y meses, no puedes pretender abarcar todo lo que quieras hacer porque lo único que vas a lograr es un gran peso de ansiedad recuerda, el horario puntual para Dios es lo más importante en este punto de los consejos, no quieras engañar a Dios dando lo que sobra de tu tiempo, cuando tú y yo sabemos que él es el dueño de tu vida y de tu tiempo. Las personas desorganizadas nunca saben que quieren en la vida y a la final pasaron los años y no lograron nada porque no pusieron un plan ante Dios para que el diera su bendita aprobación, poner orden en tu vida te acerca más pronto a las, metas que esperas lograr.

7. DELEGAR.

MATEO 20:27
Y EL QUE QUIERA SER EL PRIMERO ENTRE VOSOTROS SERA VUESTRO SIERVO.

Aprende a ser un líder, no puedes abarcar todo porque a la final te vas a cansar y dañaras tu salud física y mental, si tienes una pareja con que compartes tu vida tus hijos, delega responsabilidades tanto a él a ella como a los hijos, si eres pastor (a) tienes líderes que son las columnas que Dios te permitió a tu lado, si eres jefe o dueño (a) de negocio tienes empleados con los cuales su fuerza y capacidad están a tu disposición. Nunca subestimes a las personas que están a tu lado, ellos también tienen ideas y capacidades con las cuales puedes contar, en el momento que sea necesario.

8. DISFRUTA:

EFESIOS 5:15-16
MIRAD, PUES, CON DILIGENCIA COMO ANDEIS, NO COMO NECIOS SINO COMO SABIOS.
APROVECHANDO EL TIEMPO, PORQUE LOS DIAS SON MALOS.

Hay pequeñas cosas que puedes disfrutar, valora lo que está pasando en tu vida, alimenta esos pensamientos positivos desde que te levantas mírate al espejo y di gracias Dios este día disfrutare de cada situación que se me presente, agradece lo buena o bueno que eres en lo que hiciste bien incluso en lo que te equivocaste lo importante es aprender, corregir y no frustrarte, tu mente se ira alimentando de esa buena sensación y ya no estará quejándose por pequeñas cosas porque aprendió a disfrutar.

9. ENTRENA.

1 CORINTIOS 6:20
PORQUE HABEIS SIDO COMPRADOS POR PRECIO; GLORIFICAD, PUES A DIOS EN VUESTRO CUERPO Y EN VUESTRO ESPIRITU, LOS CUALES SON DE DIOS.

Haz una relación directa con en el ejercicio los estudios científicos demuestran que el ejercicio tiene una conexión con el funcionamiento mental y salud física. La autoestima, el bienestar son tantas las ventajas que tenemos al practicar algún deporte o una simple caminata, incluso si quieres puedes danzar cantos gloriosos donde des honra y adoración a Dios por medio de la danza que salga de lo más profundo de tu corazón, entregada con amor y pasión a nuestro galardonador.

10. LEER LA SAGRADA ESCRITURA.

2 TIMOTEO 3:16-17
TODA LA ESCRITURA ES INSPIRADA POR DIOS, Y UTIL PARA ENSEÑAR, PARA

REDARGUIR, PARA CORREGIR, PARA INSTRUIR EN JUSTICIA.
A FIN DE QUE EL HOMBRE DE DIOS SEA PERFECTO, ENTERAMENTE PREPARADO PARA TODA BUENA OBRA.

Te llenaras de promesas, versos e historias completas donde levantaras esos ánimos a tal extremo que podrás ser de ayuda a otros y se habrá cumplido el deseo de nuestro padre, representarlo a él con amor, levantar al caído, ser reparadores de portillos, vendar al herido, consolar y demostrar que en Cristo Jesús hay vida y esperanza.

Nuestro señor Jesucristo te quiere ver expandiendo su reino de poder en esta tierra de los vivientes, naciste para vencer y no ser vencido(a) naciste para reinar, tu salud física y emocional tiene que estar en la misma página con el padre que te creo, su ADN debe correr en tus venas y ser restaurada esa mente con el poder de su palabra, espera en Dios lo que desde este momento ya está haciendo contigo, te dejo este versículo dado por el Espíritu de Dios para tu mente.

El admirable consejero, Dios fuerte, padre eterno, príncipe de paz, quiere que tú y yo nos cuidemos emocional y físicamente.

MATEO 10:7-8

Y YENDO PREDICAD, DICIENDO: EL REINO DE LOS CIELOS SE HA ACERCADO.

SANAD LOS ENFERMOS, LIMPIAD LEPROSOS, RESUCITAD MUERTOS, ECHAD FUERA DEMONIOS; DE GRACIA RECIBISTES, DAD DE GRACIA.

DIOS Y EL PERDON

Empezaremos este tema dando gracias al dador de nuestras vidas por ese perdón tan maravilloso e inmerecido que nos brindó, tú y yo sabemos que fuimos alcanzados por su gracia y esa misma gracia nos arropo ¿éramos merecedores de ese perdón? La respuesta es no, pero Dios Todopoderoso obra de formas que no podemos entender y el en su bendita misericordia nos da ese perdón para restaurar nuestra relación con él. Al confesar nuestros pecados, hacemos una amistad con el padre, hay que confesar y reconocer lo que hemos hecho malo delante de él, ser sinceros humillarnos de corazón, aceptar que hemos fallado y el con esa hermosura que lo caracteriza nos limpia de toda maldad, su amor y su perdón nos alcanza cuando de verdad buscamos a Dios para ser libres. Su preciosa sangre fue el precio que el pago para que nosotros fuéramos perdonados, él nos redimió, nos rescató, y ya no somos más esclavos del pecado. A través de Jesús somos libres y todo ha sido por la gracia tan grande que gozamos de ese privilegio un regalo inmerecido. Porque no éramos dignos, pero para el somos tan importantes, esa joya preciosa que quiere pulir con sus manos.

Ya el pecado que nos separaba de Dios no tiene más poder sobre nosotros.

2 CRONICAS 7:14

SI SE HUMILLARE MI PUEBLO, SOBRE EL CUAL MI NOMBRE ES INVOCADO Y ORAREN Y SE CONVIRTIEREN DE SUS MALOS CAMINOS.

ENTONCES YO OIRE DESDE LOS CIELOS, Y PERDONARE SUS PECADOS Y SANARE SU TIERRA.

COLOSENCES 1:13-14

EL CUAL NOS HA LIBRADO DE LA POTESTAD DE LAS TINIEBLAS, Y TRASLADADO AL REINO DE SU AMADO HIJO.

EN QUIEN TENEMOS REDENCION POR SU SANGRE, EL PERDON DE PECADOS.

SALMOS 86:5

PORQUE TU, OH SEÑOR ERES BUENO Y PERDONADOR, Y GRANDE EN MISERICORDIA PARA CON TODOS LOS QUE TE INVOCAN.

¿Has escuchado la parábola de los dos deudores? Es hermosa, pero la idea no es escuchar ni leer una parábola sino más bien analizarla y tomar el mensaje que nos quiere transmitir nuestro padre celestial, Por medio de ella, adquirimos un conocimiento tan inmenso que nos puede servir para el resto de nuestras vidas y ese conocimiento se hace agradable ante los ojos del eterno cuando realmente lo ponemos en práctica.

MATEO 18:23

POR LO CUAL EL REINO DE LOS CIELOS ES SEMEJANTE A UN REY QUE QUISO HACER CUENTAS CON SUS SIERVOS.

COMENZANDO A HACER CUENTAS, LE FUE PRESENTADO UNO QUE LE DEBIA MIL TALENTOS.

A ESTE, COMO NO PUDO PAGAR, ORDENO A SU SEÑOR VENDERLE, Y A SU MUJER E HIJOS, Y TODO LO QUE TENIA, PARA QUE SE LE PAGASE LA DEUDA.

ENTONCES AQUEL SIERVO, POSTRADO, LE SUPLICABA, DICIENDO; SEÑOR, TEN PACIENCIA CONMIGO, Y YO TE PAGARE TODO.

EL SEÑOR DE AQUEL SIERVO MOVIDO A MISERICORDIA, LE SOLTO Y LE PERDONO LA DEUDA.

PERO SALIENDO AQUEL SIERVO HALLO A UNO DE SUS CONSIERVOS, QUE LE DEBIA CIEN DENARIOS; Y ACIENDO DE EL LE AHOGABA, DICIENDO, PAGAME LO QUE ME DEBES.

ENTONCES SU CONSIERVO, POSTRANDOSE A SUS PIES, LE ROGABA DICIENDO: TEN PACIENCIA CONMIGO, Y YO TE LO PAGARE TODO.

MAS EL NO QUISO, MAS BIEN FUE Y LO ECHO A LA CARCEL, HASTA QUE PAGASE LA DEUDA.

VIENDO SUS CONSIERVOS LO QUE PASABA, SE ENTRISTECIERON MUCHO, Y FUERON Y REFIRIERON A SU SEÑOR TODO LO QUE HABIA PASADO.

ENTONCES LLAMANDOLE SU SEÑOR, LE DIJO: SIERVO MALVADO, TODA AQUELLA DEUDA TE PERDONE, PORQUE ME ROGASTE.

¿NO DEBIAS TU TAMBIEN TENER MISERICORDIA DE TU CONSIERVO, COMO YO TUVE MISERICORDIA DE TI? ENTONCES SU SEÑOR, ENOJADO LE ENTREGO A LOS VERDUGOS, HASTA QUE PAGASE TODO LO QUE DEBIA.

ASI NUESTRO PADRE CELESTIAL HARA CON VOSOTROS SINO PERDONAIS DE TODO CORAZON CADA UNO DE SUS HERMANOS SUS OFENSAS.

¡Toda persona que por misericordia de Dios ha podido tener este libro, tiene que entender que es el mismo eterno hablándole!, porque si te das cuenta lo que esta historia nos está enseñando acerca del perdón es demasiado grande e importante, para el caminar de nuestras vidas, cunado Dios nos perdona nuestros pecados es como si nos cancelara una enorme deuda, el en su infinito amor y bondad nos hace libres para que caminemos con la frente en alto y que nadie nos pueda juzgar los pecados cometidos, porque cada ser humano inconsciente o conscientemente, nos metemos en situaciones donde necesitamos verdaderamente el perdón de Dios.

Ahora lo generoso de esta historia es que nos alumbra el camino diciendo, yo perdone la deuda, nadie te puede cobrar más esa deuda que ya mi hijo Jesús pago cuando murió en la cruz del calvario, pero aquí es donde entra la esencia o el punto que nos está diciendo nuestro eterno, yo te enseñe con el ejemplo más grande que el perdón existe, ahora bien amado, hermano (a) conocedor de la palabra y aquel que no ha conocido la palabra, mi pregunta es: ¿Tu haz perdonado a otros? tu como hijo de un padre perdonador, ya perdonaste esa deuda o estas repitiendo esa horrible historia del siervo injusto con su consiervo. Como es posible que te pones a juzgar a tu hermano, que estas escarneciéndolo atrás de él, que estas tocando sus heridas cuando yo te enseñe acerca del perdón, no puedes entender que si tu no perdonas la deuda de tu hermano el Dios de justicia no podrá hacer lo mismo contigo y te entregara a los verdugos y dura cosa te espera, escucha esto con atención aun cuando tu no has tenido la culpa, pide perdón y veras el poder que hay cuanto demuestras el mismo amor que Dios nos demostró, cuando entrego a su propio hijo para pagar nuestra deuda, algo injusto.

JUAN 3:16

PORQUE DE TAL MANERA AMO DIOS AL MUNDO, QUE HA DADO A SU HIJO UNIGENITO, PARA QUE TODO AQUEL QUE EN EL CREA NO SE PIERDA, MAS TENGA VIDA ETERNA.

Por el contrario, cualquier ofensa que cualquier persona cometa en contra de nosotros, es nada en comparación a lo que nosotros cometemos contra nuestro Dios. Y aun así su palabra nos dice que sus misericordias son nuevas cada mañana y su fidelidad es para siempre ¿a qué se refiere? A que el sigue dándonos ese perdón.

¿PORQUE TENGO QUE PERDONAR?

Existen muchas razones, muy importantes, demasiado necesarias para tu vida y la mía, lee con cuidado y por el amor del eterno grávalas en tu mente y corazón.

1. Sino perdonas a tu semejante, no serás perdonado.

COLOSENCES 3:13

SOPORTANDONOS UNOS A OTROS, Y PERDONANDONOS UNOS A OTROS Y SI ALGUNO TUVIERE QUEJA CONTRA OTRO. DE LA MANERA QUE CRISTO OS PERDONO, ASI TAMBIEN HACEDLO VOSOTROS.

2. El perdón de libera.

LUCAS 11:4
Y PERDONANOS NUESTROS PECADOS, POQUE TAMBIEN NOSOTROS PERDONAMOS A TODOS LOS QUE NOS DEBEN, Y NO NOS METAS EN TENTACION, MAS LIBRANOS DE MAL.

3. Porque si no perdonamos, estamos entristeciendo al Espíritu Santo.

2 CORINTIOS 3:17
PORQUE EL SEÑOR ES EL ESPIRITU; Y DONDE ESTA EL ESPIRITU ALLI HAY LIBERTAD.

4. Para tener una salud, física, emocional y Espiritual.

SANTIAGO 5:14-15

¿ESTA ALGUNO ENFERMO ENTRE VOSOTROS? LLAME A LOS ANCIANOS DE LA IGLESIA, Y OREN POR EL, UNGIENDOLE CON ACEITE EN EL NOMBRE DEL SEÑOR.

Y LA ORACION DE FE SALVARA AL ENFERMO, Y EL SEÑOR LO LEVANTARA; SI HUBIERE COMETIDO PECADOS, LE SERAN PERDONADOS.

Muchos cristianos han entrado en la idea que están bien en los caminos de la verdad, viviendo con falta de perdón, guardando rencor, callando esas heridas que están consumiendo su mente y tratando de sonreír con un enojo e ira que se los carcome, es normal sentirse enojado, pero no debemos exceder los límites del enojo y mucho menos vivir con esas batallas que nos quitan mucho tiempo de felicidad y calidad en nuestras vidas, como pretendes servir a Dios si él te perdono con la intención de que tu hicieras los mismo con tu hermano, tu vecino, tu familia, tus amistades, incluso con esas personas que realmente ni te conocen y se han hecho un concepto de ti que nos es y mantienen una relación donde se siente la falta de conexión. Cuando no perdonamos lo que logramos es perjudicarnos a nosotros mismos, dejamos que crezcan sentimientos negativos, que nos impiden subir a otro escalón de nuestras vidas y nos hacen desdichados, incluso está comprobado científicamente que la falta de perdón trae muchos problemas de salud, actualmente existe un informe de dos médicos, el doctor Yoichi Chida y del profesor de

Psicología Andrew Steptoe donde demuestran una peligrosa relación entre la ira y la hostilidad, y la cardiopatía coronaria. (Es un estrechamiento de los pequeños vasos sanguíneos que suministran sangre al corazón) la cardiopatía coronaria CHD en inglés es causada por la acumulación de placa en las arterias que van al corazón. Esto se puede llamar como endurecimiento de las arterias.

Y en este momento que estamos viviendo representa la causa principal de muerte de hombres y mujeres en Estados Unidos. Como puedes darte cuenta todo se conecta como nos habla la palabra de Dios y lo que estamos viviendo, como seres humanos llenos de resentimientos la falta de perdón nos lleva a morir antes de tiempo, sin una necesidad o causa necesaria, solo porque nuestro orgullo así nos hace dirigirnos, es por ese motivo que tenemos que alinear a Dios nuestro cuerpo, ese estuche que nos dio donde guardamos el alma y el Espíritu. Los médicos pueden decir mil razones científicas unas en hipótesis y otras comprobadas, pero la verdadera razón la conocemos porque el eterno antes de que naciéramos ya había programado como trabajaría nuestro sistema y nosotros por la arrogancia lo que hicimos fue dañarlo, si queremos gozar de esa libertad en salud física y emocional. Tenemos que soltar esas ataduras, que solo nos llevan hacia un camino de oscuridad, como ya sabemos la falta de perdón nos aleja del propósito que Dios tiene en nuestras vidas, como podemos vivir con resentimiento de mi parte yo lo llamo falta de madurez como ser humano y como persona hija de un Dios vivo, poco entendimiento de la palabra verdadera. Cuando conocemos la palabra de Dios con fundamento nuestra mente es libre para saber exactamente ¿qué pasos nos está pidiendo nuestro señor? Jesucristo, si quieres ser libre de esas cadenas de enfermedad, esas preocupaciones lo único que tienes que hacer es perdonar a tus enemigos, a los que te maldicen, a los que te persiguen, a los que desean o te han hecho algún mal, a los que hablan de ti, aquellos que te calumnian, los que se juntan para planear tu caída, los que no te conocen y comparten opiniones errantes, cuando tu perdonas a tus enemigos, y les demuestras el amor que el padre te regalo a ti, ayudándolos, orando por ellos, demostrando sinceramente que tu corazón es libre de ataduras y tienes la bondad de dar todas las oportunidades que sean necesarias a las personas que te hieren, que te han hecho sufrir te aseguro que has alcanzado mucho delante del señor Jesucristo, nunca te atrevas a levantar la mano contra tu hermano, aunque se proclame tu enemigo recuerda cuando David tuvo la oportunidad de matar a Saul y no lo hizo, en este pasaje de la biblia puedes ver que como este guerrero tuvo la posibilidad de cobrar venganza su decisión fue obedecer los mandatos de su padre celestial el no hacerlo, lo mismo nos debería suceder a nosotros, cuando alguien que nos ha dañado esta caído, pasa por una dificultad, cae en pecado o sufre una perdida, financiera o emocional, al contrario de alegrarnos lo que Dios espera es que le brindemos todo nuestro apoyo, porque las perturbaciones, errores todos lo podemos tener algún día, pero tenemos que recordar siempre, como tiene que ser nuestro actuar si queremos estar ante los ojos de Dios como siervos aprobados.

Tenemos que olvidarnos de destruir a la otra persona, hay que matar al viejo hombre y dejar a un lado esa mente enjuiciadora, como puedo yo ser juez de otras personas si el único que nos puede juzgar es el que ya nos perdonó, es increíble creer que estamos preparados para señalar recuerdas donde el señor Jesucristo les dijo a esos hombres sin el Espíritu de perdón, ¿que el que estuviera libre de pecado que arrojara la primera piedra? En este mismo instante te está diciendo a ti y a mí, si estas libre atrévete a juzgar, lanza la piedra, podemos ver en otro claro versículo, que nos añadirá sabiduría, para que nuestra mente sea liberada.

MATEO 7:1 – 15
NO JUZGUEIS, PARA QUE NO SEAS JUZGADOS.

PORQUE CON EL JUICIO CON QUE JUZGAIS, SEREIS JUZGADOS Y CON LA MEDIDA CON QUE MEDIS, OS SERAS MEDIDO.

¿Y PORQUE MIRAS LA PAJA QUE ESTA EN EL OJO DE TU HERMANO, Y NO ECHAS DE VER LA VIGA QUE ESTA EN TU PROPIO OJO?

O COMO DIRAS A TU HERMANO: ¿DEJAME SACAR LA PAJA DE TU OJO, Y HE AQUÍ LA VIGA EN EL OJO TUYO?

¡HIPOCRITA! SACA PRIMERO LA VIGA DE TU PROPIO OJO, Y ENTONCES VERAS BIEN PARA SACAR LA PAJA DEL OJO DE TU HERMANO.

Esta palabra probablemente esta fuerte, pero el Espíritu Santo nos habla directo a nuestra vida por nuestro propio bien, si queremos llegar al final de esta carrera como siervo aprobado, lo primero que debemos hacer es alinearnos completamente en todo lo que es justo y necesario, el señor y salvador de nuestras vidas, nos enseña de forma convincente y segura como lograrlo, si nosotros no obedecemos les aseguro que llegará un día donde nos pedirá cuentas de lo que él ya nos enseñó, el paso por esta vida, es un examen que no todos lograran pasar, porque hay que estar dispuesto a dejarse guiar, hacer discipulado diariamente en cada situación que se nos presente y con cada enseñanza que se nos dé, mi admiración a pastores que entregan su tiempo y se apasionan para comprender con la ayuda del Espíritu Santo las sagradas escrituras y luego comparten en el templo, se les agradece hablarnos la verdad y decirnos claramente las consecuencias de juzgar y de no perdonar.

CUANTAS VECES TENEMOS QUE PERDONAR
SAN MATEO 18: 21-22

ENTONCES SE LE ACERCO PEDRO Y LE DIJO: ¿CUANTAS VECES PERDONARE A MI HERMANO QUE PEQUE CONTRA MI? ¿HASTA SIETE?

JESUS LE DIJO: NO TE DIGO HASTA SIETE, SINO AUN HASTA SETENTA VECES SIETE.

Muy buena pregunta la de Pedro en este versículo, pero él creía que al decir siete Jesús lo iba a felicitar por ser tan condescendiente y bondadoso, pero la sorpresa de Pedro fue la respuesta del maestro.

En esta ocasión Pedro estaba muy enojado y es que, si lo conocemos, no era de fácil carácter, pero tenemos que entender que nuestro adversario nos puede a ver herido, pero la decisión de enojo y perdón la tenemos nosotros en nuestra forma de responder a esa acción. (El perdón nos sana a nosotros/ as y a la persona que nos ha ofendido, hay que destruir ese espíritu maligno de estrés, ansiedad, insomnio y enfermedad por falta de perdón y de querer ser mejores que el propio Dios tratando de arreglar las situaciones utilizando nuestra propia justicia, la cual nadie tiene ese permiso.

También te quiero aclarar que setenta veces siete no tiene que ver que lo eleves a la potencia y te vuelvas matemático en este momento, ¿esta fracción lo que nos da a entender que debemos perdonar las veces que sean necesarias, o acaso nosotros solo tenemos un límite de perdón en el cielo? Yo sé y dirás que no es fácil. créeme te lo está diciendo una persona que ha sido dañada de todas las formas posibles, pero me deje limpiar realmente por la enseñanza de mi creador, me deje moldear como ese barro y hoy te puedo decir que oro más por los que me han querido destruir que por mis propias necesidades y mi resultado ha sido tan maravilloso que Dios me lleno de amor por todas las personas que se enfocaron en mi para mi caída, y ahora solo digo gracias señor porque pude entender la lección que donde está el Espíritu de Dios, hay completa libertad, puedo dormir tranquila, puedo dar el consejo a quien lo acepte y con sinceridad y humildad te digo, sola jamás hubiera podido, porque las heridas que me hacían cada vez eran más grandes, pero su Santo Espíritu se encargó, yo solo me entregue completamente, y soy testigo de que es posible, el amor de Dios se encarga de limpiar y sus escrituras de enseñarnos el verdadero camino. Es maravilloso como él nos regala esa anhelada libertad, el vivir sin el perdón es como una cadena que te mantiene atado(a) y no te deja avanzar. Solo paraliza todas las áreas de tu vida. Quiero en este momento que te preguntes como estas, que te quiere decir el Espíritu Santo en este momento, yo no conozco, pero él quiere tratar contigo de forma que solo Dios y tu saben, te invito con el amor que compartimos que hagas una corta, pero corta oración conmigo.

1 JUAN 1:9
SI CONFESAMOS NUESTROS PECADOS, EL ES FIEL Y JUSTO PARA PERDONAR

NUESTROS PECADOS, Y LIMPIARNOS DE TODA MALDAD.

PADRE NUESTRO, TU QUE LO VES TODO, TE PIDO DE TODO CORAZON QUE ME PERDONES, REGALAME NUEVAMENTE ESA GRAN MISERICORDIA, SACA DE RAIZ LO QUE NO TE AGRADA DE MI, TU QUE CONOCES LA PROFUNDIDAD DE MI SER, QUITA ESA FALTA DE PERDON, AHORA EN ESTE MOMENTO YO CONFIEZO Y RENUNCIO A ESE PECADO QUE ME HABIA ALEJADO DE TI, TODO ESPIRITU DE PERDON ES ECHADO AFUERA DE MI VIDA Y VA CAUTIVO A LOS LUGARES QUE HAN SIDO PREPARADOS PARA ELLOS, TOMO LA AUTORIDAD EN EL NOMBRE DE JESUS Y ME DECLARO LIBRE, PARA NUEVAMENTE LLENARME DE PAZ, GOZO Y ARMONIA QUE VIENE DE LO ALTO, GRACIAS ESPIRITU SANTO POR TU AYUDA, TOMO LA VICTORIA SOY LIBRE EN EL NOMBRE DE JESUS. AMEN.!

EL PODER DE LA FE

Cuando hablamos del poder de la fe, sabemos que solo actúa con hijos que realmente confían en Dios, que, si él PROMETIO lo hará, recuerda el versículo bíblico en Números 23:19 Dios no es hombre para que mienta, ni hijo de hombre para que se arrepienta. cuando empezamos a entender la biblia, podemos identificar algo muy parecido en cada situación, vemos el mismo patrón de los que lograron ver cosas grandes e imposibles en el pasado, fue porque aprendieron a vivir por fe, dependieron de Dios y no de sus propias fuerzas, podemos mencionar muchos, y créeme que cuando escribo, estoy rogando al padre que extienda esa fe en tu vida, así como un día lo hizo conmigo, podría escribir un libro completo si hablamos de los sucesos en personas que están en la biblia, pero como ejemplo mencionare mujeres de Dios que por esa fe tan grande, lograron ver su milagro, de aquí surge el nombre el poder de la fe.

SARA: Esta maravillosa mujer, aunque con edad avanzada y esa misma causa en un principio le produjo un chiste grato, la promesa que Jesús le estaba dando, al final pudo ver realizado su sueño de tener su anhelado hijo, por lo tanto, Dios lleno su corazón de alegría.

Hay promesas que Dios nos dará, que para nosotros como seres humanos se nos harán grandes, e imposibles, pero nunca en tu vida olvides que, si tenemos fe, ya hemos recibido lo que a nuestro padre le place darnos, pues él no tiene limitaciones.

RAJAD: Esta mujer que anteriormente era prostituta, salvo la vida de dos espías hebreos, ella demostró valentía y tuvo fe porque creyó en Dios, y de esta forma fue salva ella y su familia.

Cuando hacemos obras sin estar obligados(as) a cumplirlas, demostramos ante los ojos de Dios la fe de Rajad, y tendremos una recompensa, porque Dios no se queda con nada.

DEBORA: Mujer jueza y profetiza, líder de guerra, lidero a Israel, la palabra nos enseña que ella se levantó, como madre de Israel, para hacer un Azaña tan grande, y es porque en ella había una gran fe, la cual la llevo a enfrentar a los opresores, y por su fe se dejó utilizar por Dios.

En el momento donde se nos presente una situación que sea emergente y desafiante para nosotros como seres humanos, tenemos que estar llenos del poder de la fe, sabiendo que no estamos solos. Débora no gobernaba sola, ella sabía que Dios estaba presente, porque además de su gran fe, demostró respeto, así los hijos de Dios tenemos la obligación de respetar, confiemos no estamos solos, la guerra que se nos levante no es contra nosotros, sino contra lo que portamos, la presencia del Dios Todopoderoso, pero lo que debemos tener claro es que la victoria con Cristo es segura.

RUT: Como no contar sobre la fe de Rut cuando con estas palabras hicieron eco en mí y conquisto mi pensamiento, ella le dice a su suegra.! ¡No insistas que te abandone, o en que me separe de ti! Porque iré donde tú vallas, y viviré donde tú vivas. Tu pueblo será mi pueblo, y tu Dios será mi Dios.

Podemos ver la seguridad, la fe que ella expreso al dejar todo y seguir en el camino que, por la misma fe, sabía que era lo más conveniente, y lo más hermoso que nos deja es, que no se equivocó.

Cuando activamos esa fe y su poder, podremos ver más de lo que pensábamos, podemos recibir, más de lo que creíamos y podremos llegar a donde no imaginamos.

ANA: Mujer de oración, fiel y adoradora. Ana oro con toda su fe y siempre proclamo su milagro, se aferró a su promesa no interesando el sacrificio que tenía que hacer. Su fe la hacía entender que no adoraba a un Dios de palo, sino a un Dios que cumple sus promesas, punto importante lo dedico.

Dios te dice, no interesa si tus sueños son muy grandes, habrá personas que te dirán que es imposible, no escuches esas voces, sigue orando con fe, da a Dios ese voto de confianza, activa el poder de la fe y veras tu milagro. No tienes que pedir segundas opiniones, solo deja a Dios obrar, él te quiere sorprender con milagros tan grandes, en momentos y tiempos inesperados, hermoso como Dios actúa. Ese es el poder de la fe que él quiere ver en ti.

ESTER: Como no hablar de alguien con tanta gracia, bonita, inteligente, sensata y valiente. ¿Que caracteriza a esta insuperable mujer? Yo puedo ver algo en ella, Ester jamás pidió estar en ese lugar o en esa posición, la idea fue de su tío, pero todo con un propósito mayor, Ester tenía la gracia en todas las formas que la queramos buscar, como te presentas ante un Rey, sin ser invitada, y así sabiendo que su vida corría peligro. Su fe fue expresada cuando dijo, y si perezco, que perezca. Ester demostró, fidelidad y fe a Dios haciendo humillación, al presentar ese ayuno, la llevo a alcanzar su victoria.

Dios nos derrama de su gracia, pero nos pide que, así como Ester entendamos que debemos sacrificar ese egocentrismo humano y humillarnos y veremos el poder de la victoria en nuestra vida, nosotros no estamos pidiendo estar en lugares altos ni reconocidos, Dios mismo lo está ofreciendo, pero te dice, ese lugar está preparado, donde esta tu humillación. No vamos a actuar como Vasti, que en vez de honrar desobedeció y perdió todo, no deshonremos a nuestro Rey, sino que presentemos ese respeto y fe dando algo, en respuesta de ese gran amor y poder que tiene.

MARIA: Escogida para cumplir con una gran misión, ella demuestra esa mujer sumisa y obediente a la voz de Dios, ella acepto cumplir todo por fe, María no dudo de las palabras del ángel, no interesando todo lo que se le venía encima en un lugar lleno de tradiciones, criticas, quizás la iban a destruir emocionalmente, por la religiosidad de los que la conocían, pero su fe fue más grande que dio un sí, olvidándose de ella misma, de su bienestar, su comodidad y su futuro.

¿Que tipifica María en nuestras vidas y en estos días? El padre te está haciendo un llamado, cuantas veces se te ha predicado o el Espíritu Santo te ha encargado una misión. Hay mucho por hacer, cual ha sido tu respuesta, a lo que el padre quiere que hagas, te has negado, hay una palabra que tú tienes en tu boca y esa palabra tiene que ser sembrada en otros, para que valla expandiéndose el evangelio, pero posiblemente tu fe se ha escaseado y crees que es tu mente quien te pide que hagas todo tipo de obra que ha pasado, por tu cabeza, te tengo noticias, no eres tú, es el Espíritu Santo diciéndote, necesito tu boca para decir lo que tengo que decir, necesito tus pies para llegar, necesito tus manos para dar, y tu hombro para que puedas cargar a aquel que se tiene que apoyar, así como María cumplió una misión tan importante, la tuya y la mía lo son. Te invito que te despojes de tus planes y entregues a Dios tu tiempo, tus prioridades y lo dejes a él obrar por medio de ti, no somos dueños de nosotros mismos, él nos creó para un mayo propósito y hoy te está diciendo, no más excusas, empieza hoy, para Dios nada es pequeño y nadie es más importante o capacitado, él es quien va haciendo todo de la forma como él quiere y donde él quiere, en este instante yo soy un ejemplo de lo que estoy escribiendo ya que mis dedos no pueden finalizar de escribir y el Espíritu Santo de dictarme cada una de estas palabras que a la final te servirán a ti y a mí para que podamos despertarnos y servir, como dice su santa palabra.

Puedes decir con tu corazón me dispongo a servirte, y me comprometo a dar lo mejor de mí en obediencia a tu petición, recuerda que para Dios se trabaja con excelencia, muchas veces te van a quitar del camino porque así como Moisés tu brillos molestara a otros, pero si fuiste llamado (a) los refuerzos vendrán del cielo y él te ira posicionando en lugares donde verdaderamente aprecien y te necesiten, porque tu llamado, no todos lo van a valorar, pero lo importante es que tu trabajas para un Rey tan grande y sublime, que lo que hagas en silencio, te recompensara en público.

Te bendigo en el nombre de Jesús y si reconociste que naciste para un propósito mayor de lo que estás haciendo es porque Dios te tiene en las listas del cielo, para que por fe podamos ver como él puede obrar en favor de otros que también, activaron el poder de la FE.

MATEO 9: 36-37-38

Y AL VER LAS MULTITUDES, TUVO COMPASION DE ELLAS; PORQUE ESTABAN DESAMPARADAS Y DISPERSAS COMO OVEJAS QUE NO TIENEN PASTOR.

ENTONCES DIJO A SUS DISCIPULOS: A LA VERDAD LA MIES ES MUCHA MAS LOS OBREROS POCOS.

ROGAD, PUES, AL SEÑOR DE LA MIES, QUE ENVIE OBREROS A SU MIES.

DIOS Y LA TECNOLOGIA

Cuando mencionamos el tema de la tecnología, con algún grupo de personas, nos estamos preparando para un debate casi de nivel político o religioso, ya que en este momento y abarcando todo el mundo es un tópico que está dando mucho de que opinar. Existen muchos puntos de vista respecto a este tema, unos son muy positivos y por el contrario están los que opinan lo negativo y tenemos el grupo de personas que están dudando en que mundo estamos viviendo por todo lo que se está moviendo alrededor de nosotros, a causa de la tecnología, por ejemplo, la opinión de mi esposo referente a este tema fue, con la tecnología, tienes a la mano todo el conocimiento, pero una desventaja es; que no se puede vivir en el presente. Como seres humanos que no queremos perder esa conexión como familia y hemos llegado al punto de tener que poner reglas acerca del uso de aparatos, que lejos de acercarnos lo que logran es alejar la familia y en su propia casa, creo que tú que estas leyendo, este libro, seas una persona casado(o) soltero(a) con familia o no, en algún noviazgo o sencillamente solo o sola, te puedes sentir identificado(a) conmigo respecto a este tema. Porque todos en algún momento hemos tenido que enfrentar una situación donde la tecnología ha hecho algún efecto en nosotros, sea positivo o negativo. Tenemos que saber acerca del existir de la tecnología. ¿Qué es y en que nos va a beneficiar o en que nos está perjudicando?

Combinado de pensamiento y acción con la finalidad de crear soluciones útiles. Que bella definición, ha hecho un efecto en mi cerebro, al ver la finalidad de la tecnología, lo oscuro de esto es que el ser humano, siempre buscara sacar provecho o cambiara el concepto original por lo cual fue creada cualquier cosa. Por alguna razón nos podemos dar cuenta el impulso que tenemos las personas, de dañar el foco principal de lo existente. Ya que como dije anteriormente, la tecnología nace con el fin de. Satisfacer necesidades, ayudar en la solución de problemas, es ciencia y técnica, que se presenta como una innovación completa que llegaba con el único propósito de ayudar, pero a este punto que opinión puedes dar acerca de este polémico tema. La tecnología, se define como el conjunto de conocimientos y técnicas que, aplicados de forma lógica y ordenada, permiten al ser humano modificar su entorno material o virtual para satisfacer sus necesidades, esto es un proceso, ¿Como se ha estado manejando y que problemas ha traído? Tú, qué piensas, ¿crees que los seres humanos controlamos a la tecnología, o ella nos controla a nosotros? Como podemos ver la tecnología, ya va sola en el aire, traspasando fronteras, sin respetar edades ni clases sociales se ha metido en nuestras vidas de una forma tan silente que no nos dio tiempo de darnos cuenta, y para muchas personas se ha convertido en una adicción inexplicable, ha venido a destruir mentes, que pensaban de una forma ordenada y en este momento ya no entienden como seria su vida sin ese mundo surreal.

En mi opinión, he llegado a pensar que no toda innovación es progreso para el ser humano, porque como puedo ver diariamente a muchos los ha desenfocado de la realidad, y ahora están en una vida completamente diferente, irreal, fría y destinada diariamente a más y más cambios, al punto que llegaran nuevas formas de vida, se nos dice que vienen los robots, incluso me ha tocado llegar a bancos donde espero socializar con una cajera y mi sorpresa es escuchar una maquina dándome la bienvenida y guiarme a hacer una acción, tienen cada movimiento tan controlado que si cometes una equivocación, antes que la haz finalizado están iniciando desde el movimiento número uno tu acción, en ningún momento imagine ver eso, al principio me sentí inteligente, porque estaba experimentando algo nuevo, pero luego mi mente empezó a analizar lo que vivió, y realmente no fue agradable, nos dan a entender que viene la automatización, la inteligencia artificial, que ya se acerca el transhumanismo (esto se refiere a un movimiento cultural e intelectual internacional que tiene como objetivo final transformar la condición humana mediante el desarrollo y fabricación de tecnologías ampliamente disponibles, que mejoren las capacidades humanas, tanto a nivel físico como psicológico o intelectual)

También se habla de los ciborgs (organismo cibernético) es una criatura compuesta de elementos orgánicos y dispositivos cibernéticos, generalmente con la intención de mejorar las capacidades de la parte orgánica mediante el uso de tecnología que te hace pensar esta información, ¿crees que es necesario? Yo creo que sobrevivimos por décadas sin necesidad de tanto avance, pero ahora quieren poner a prueba todas, las habilidades y capacidades que en realidad lo que están logrando es acercarnos a un nuevo orden mundial. Que nadie está pidiendo, pero algunas personas con la necesidad de conocer lo desconocido van avanzando y comprando todo lo que tenga que ver con tecnología. Tengo datos interesantes, según el catedrático de lógica y Filosofía de la ciencia de la Universidad de Málaga, Antonio Diéguez nos comparte que el determinismo tecnológico quiere decir que los avances tecnológicos no solo influyen, sino que determinan la historia. Ahora puedes hacerte una idea que significa todo este avance de pasos agigantados de la tecnología.

Como podemos ver es imparable el progreso tecnológico y ya no es sorpresa para ningún ser humano, porque si te puedes dar cuenta ya existen muchas personas atrapadas.

Ahora hablaremos como ve Dios todo esto, porque sencillamente el hombre no está teniendo cuidado, ni está permitiendo ser guiado por Dios, no podemos querer hacer cosas imposibles si el único capaz de lograrlas es el dador de la vida, el creador del mundo, no se puede tomar un papel que Dios no le ha dado al hombre.

GENESIS 3:22

Y DIJO JEHOVA DIOS: HE AQUÍ EL HOMBRE ES COMO UNO DE NOSOTROS, SABIENDO EL BIEN Y EL MAL; AHORA PUES, QUE NO ALARGUE SU MANO, Y TOME TAMBIEN DEL ARBOL DE LA VIDA Y COMA Y VIVA PARA SIEMPRE.

Los avances tecnológicos de cada día nos muestran el poder ilimitado que el ser humano pretende tener, y le invita a pensar en la ciencia y tecnología, como un dios. Y repite la frase, no hay nada mejor que esto. Como se llenan ese egocentrismo, sabiendo que jamás llegaran a igualar a Dios, aun con todos los inventos, ideas, copias, pruebas o lo que quieran hacer. No podrán llegar hacer las cosas que solo el Dios altísimo puede.

PROVERBIOS 8:14

CONMIGO ESTA EL CONSEJO Y EL BUEN JUICIO. YO SOY LA INTELIGENCIA MIO ES EL PODER.

Esta es una respuesta del Dios majestuoso, hacia el hombre que no ha entendido, Dios es la excelencia y la eternidad de la sabiduría ¿cómo puede pretender el hombre alcanzar el cielo, construyendo una escalera? No puede tener lógica o pueden estar amparados en ningún razonamiento para lograrlo, pero el hombre sigue intentando no importando todo lo que tenga que perder, destruir o aprender en el camino. Aun si perdiere la vida está dispuesto, solo por demostrar que puede, crees que la tecnología tiene el poder de deshumanizar al ser humano, creo que no tiene el poder, caso contrario es el poder que le hemos dado a la tecnología que nos hace cambiar, es el uso insensato, y a veces personas que no tienen límites, es verdad que la tecnología ha transformado nuestra sensibilidad y comunicación con el ser humano, ya no ponemos atención a las necesidades de los demás, lastimosamente cambia la forma de pensar, para Dios no es de agrado que su creación haya modificado ese diseño, tan maravilloso que el creo. Todo por seguir las nuevas invenciones del hombre. Pero cada uno de nosotros tenemos esa responsabilidad de saber lo que es suficiente y en qué momento ya cruzamos los límites. Y lo mejor, tomar esa gran decisión de cambio.

Ahora podemos ver las comunidades digitales, por medio de pantallas, el amor fue creado por Dios para que haya integridad física y emocional, como puedes conocer verdaderamente a alguien a través de líneas y pantallas. Espiritualmente es difícil que haya esa conexión porque nos permite mentir de forma deliberada, el incentivo de todo esto es atraparnos y alejarnos de Dios, en qué lugar lo tienes, que tiempo le estas dando, cuanto tiempo usas tus aparatos electrónicos y cuanto lees la biblia, en qué momento oras, y cuando hablas con Dios, deberíamos de pensar más a fondo sobre como éramos cuando teníamos ese primer amor y como la tecnología y la adicción a la misma nos ha hecho a muchas personas alrededor del mundo, dejarlo a un lado. Hay seres humanos que para ellos la tecnología es un dios y se asombran con cada avance, que falta de entendimiento. Como compramos ideas que son cuidadosamente presentadas a un mundo ciego.

1 CORINTIOS 10:23

TODO ME ES LICITO, PERO NO TODO ME CONVIENE; TODO ME ES LICITO, PERO NO TODO EDIFICA.

El Dios ha quien he conocido y sirvo me explica en este maravilloso texto que existen límites, y nos pide que todo lo que hagamos, sea todo echo para la gloria de Dios, que pensaran los científicos que se desesperan por hacer tantos logros, por su propio beneficio, acaso Dios está alabando esa desesperación del hombre de querer alcanzar tanto poder y fama por medio de algo que no está alabando al que se merece toda la alabanza, adoración y respeto.

Será que los científicos tienen algún tipo de ética ante la majestad del que los creo, reconociendo el poderío de Dios. No podemos dejar de decir que en alguna forma han ayudado, pero sería de mucho beneficio y bendición si se dejaran guiar por la presencia divina. Antes que caigan con todos sus inventos.

GALATAS 5: 1

ESTAD, PUES, FIRMES EN LA LIBERTAD CON QUE CRISTO NOS HIZO LIBRES, Y NO ESTEIS OTRAVES SUJETOS AL YUGO DE ESCLAVITUD.

Si relacionamos este versículo, a la tecnología de la cual muchos han sido preso, sabemos que ya somos libres y no tenemos por qué estar bajo ese duro padecer, tenemos que estar firmes en la libertad que se nos fue dada, no importa bajo que circunstancia o el invento que se pueda si sabemos cuidar el amor por nuestro padre, seremos capaces de vencer esas tentaciones de estar de cabeza ante algo que no merece la atención, solo debe ser utilizada para cosas estrictamente necesarias y no aplaudir o estar con la expectativa de cada avance. La mejor honra y obediencia es no mirar a derecha, ni a izquierda, sino seguir mirándolo a él al blanco perfecto. Que nada te desenfoque, que nada te detenga de tu propósito en este mundo. Nada puede ser más importante y necesario, que la presencia de Dios en tu vida, no existe nada que te pueda llenar más que él.

No hay que seguir la corriente, ni creer al sistema que la única intención es cambiar todo lo que es creación de él.

MATEO 5:13 – 14

VOSOTROS SOIS LA SAL DE LA TIERRA; PERO SI LA SAL SE DESVANECIERE, ¿CON QUE SERA SALADA? NO SIRVE MAS PARA NADA, SINO PARA SER ECHADA AFUERA Y HOLLADA POR LOS HOMBRES.

VOSOTROS SOIS LA LUZ DEL MUNDO; UNA CIUDAD ACENTUADA SOBRE UN MONTE NO SE PUEDE ESCONDER.

10 CONSEJOS PARA UNA PERSONA MENTALMENTE FUERTE EN DIOS

En la mente de cada ser humano hay una pelea continua, son batallas que se van incrementando, si le das el poder que no merece, para tener el control es necesario que conozcamos las bases de la fortaleza mental. ¿cuáles son esas bases?

1. Pensamientos: Hay que identificar los malos pensamientos que llegan a nuestro cerebro. A veces son suposiciones que hacen circulo una y otra vez en nuestra mente, y nos hacen débiles para llegar a alcanzar nuestras metas.
2. Comportamientos: Ante cualquier circunstancia, lo mejor que podemos hacer es comportarnos de manera positiva.
3. Emociones: Controlar las emociones es un paso decisivo, no debemos permitir que nos controlen a nosotros.

Ser mentalmente fuerte, no significa actuar firme o enojado, no tienes que convertirte en una persona que grita, dicta o manipula, se trata de actuar con más inteligencia, hay un lugar en nuestro ser interior que quiere ser diferente, seas quien sea y tengas cualquier edad o clase social, estas a un pensamiento de cambiar tu vida entera.

2 CORINTIOS 4:16

POR TANTO, NO DESMAYAMOS: ANTES, AUNQUE ESTE NUESTRO HOMBRE EXTERIOR SE VA DESGASTANDO, EL INTERIOR NO ODSTANTE SE RENUEVA DE DIA EN DIA.

Con la ayuda de nuestro padre celestial es posible lograr ese cambio, pero se tiene que trabajar en conjunto, tú tienes la oportunidad de cambiar esos pensamientos, renovando tu mente, destruyendo al viejo hombre para que el interior sea lo que Dios espera de ti y de mí.

Una persona mentalmente fuerte en Dios, ponen en práctica cada uno de los consejos que leerás a continuación.

1. No gastan su tiempo autocompadeciéndose. ¿qué es la autocompasión? Es sentir pena por nosotros mismos, otra definición es una tendencia que nos hace buscar culpables a los problemas, fracasos o cada cosa mala que nos sucede. La autocompasión da placer momentáneo y separa a la víctima de la vida.

EXODO 16:3

Y LES DECIAN LOS HIJOS DE ISRAEL: OJALÁ HUBIERAMOS MUERTO POR MANOS DE JEHOVA EN LA TIERRA DE EGIPTO,

CUANDO NOS SENTABAMOS EN LAS OLLAS DE CARNE, CUANDO COMIAMOS PAN HASTA SACIARNOS; PUES NOS HABEIS SACADO A ESTE DESIERTO PARA MATAR DE HAMBRE A TODA ESTA MULTITUD.

SE, QUEJARON, SE AUTOCOMPADECIAN Y BUSCABAN CULPABLE.

2. No dan su poder: Cuando odiamos, peleamos o nos enojamos damos poder a otras personas, sobre nuestras emociones, sobre nuestros sueños, deseos, cabe mencionar que nuestra presión arterial, nuestra salud y felicidad se ven dañadas, pero lo más importante, entristecemos al Espíritu Santo que habita adentro de nuestro corazón.

Como ser humano con razonamiento debemos entender que las personas nos pueden ofender o hacer algún tipo de daño de alguna forma, pero lo más importante es no tomar en cuenta esos sucesos. Yo no daría mi poder a nadie, para perder un preciado minuto de la vida que el creador me concedió.

EFESIOS 4:26
AIRADOS, PERO NO PEQUEIS; NO SE PONGA EL SOL SOBRE VUESTRO ENOJO.

3. No viven del pasado: Nunca sanaremos el pasado, si vivimos en él, tenemos que ser capaces de

movernos hacia el presente, sino jamás avanzaremos.

No podremos ganar una carrera en la vida, si vamos corriendo en círculos, porque entonces siempre terminaremos en el mismo lugar.

2 CORINTIOS 5:17
DE MODO QUE SI ALGUNO ESTA EN CRISTO, NUEVA CRIATURA ES; LAS COSAS VIEJAS PASARON: HE AQUÍ TODAS SON ECHAS NUEVAS.

4. No se preocupan por complacer a los demás: Si te preocupas por la opinión de los demás, te puedo asegurar que eso te hará prisionero(a) has sido creado(a) con un molde especifico, con una asignación, un propósito divino. Busca las cosas del reino, vive como siervo aprobado, y se genuino(a) no copies a nadie, esa es la aprobación que de verdad necesitas, analiza que piensa Dios de ti. Para los seres humanos, tú nunca serás suficiente. Para Dios ya lo eres.

GALATAS 1:10
PUES, ¿BUSCO AHORA EL FAVOR DE LOS HOMBRES, O EL DE DIOS? ¿O TRATO DE AGRADAR A LOS HOMBRES? PUES SI TODAVIA AGRADARA A LOS HOMBRES, NO SERIA SIERVO DE CRISTO.

5. No cometen las mismas fallas: La falla más grande de un ser humano, es aquella de la que nunca aprendemos. Cuando vamos por la vida cometiendo el mismo error, es cuando más demostramos que tenemos conciencia de lo que sucede, pero no tenemos la fuerza de voluntad para aceptar y mucho menos para cambiar, modifica tu mente con el poder de la palabra.

1 CORINTIOS 4:10
NOSOTROS SOMOS INSENSATOS POR AMOR DE CRISTO, MAS VOSOTROS PRUDENTES EN CRISTO; NOSOTROS DEBILES, MAS VOSOTROS FUERTES; VOSOTROS HONORABLES, MAS NOSOTROS DESPRECIADOS.

6. No les duele el éxito de los demás: Es necesario crear nuestra propia definición de éxito, ya que para muchos puede ser el dinero, para otros la felicidad, para otros una familia, para otros ser siervo aprobado y recibir la salvación, el que entiende que el éxito es llegar a tener la corona y que todos estamos llamados a ser bendecidos y salvados, jamás dolerá ver que otro avance y será fácil ayudar y no envidiar.

PROVERBIOS 14:30

EL CORAZON APACIBLE ES VIDA DE LA CARNE; MAS LA ENVIDIA ES CARCOMA DE LOS HUESOS.

7. No se dan nunca por vencidos(as): En la vida muchas veces hay situaciones donde tenemos que insistir y nunca desistir, orar hasta ganar esa guerra, en otras oportunidades perdidas las veremos cómo fracasos y es Dios diciéndonos que tiene algo mejor para nosotros, lo importante de todo es nunca dar por terminada una carrera, hasta habernos levantado las veces que sean necesarias hasta ganar.

JOSUE 1:9

MIRA QUE TE MANDO QUE TE ESFUERCES Y SEAS VALIENTE; NO TEMAS NI DESMAYES, PORQUE JEHOVA TU DIOS ESTARA CONTIGO EN DONDE QUIERA QUE VAYAS.

8. No temen a la soledad: Muchas veces la soledad la tenemos como signo de abandono y tristeza, pero hay que ver el lado positivo, tenemos tiempo de conectarnos con el Espíritu Santo, sin interrupciones, nos ayuda a sacar esa creatividad, esos talentos que Dios nos regaló, es excelente para la salud mental, estar a solas nos ayuda a poner en orden nuestros sentimientos esas

emociones que muchas veces se descontrolan, nos acerca más con nosotros mismos y entendemos el valor de la familia y amistad, recuerda que la mente que se abre a una nueva idea, jamás volverá a su tamaño original. Positivismo en todo tiempo, fe y esperanza, bajo cualquier circunstancia que se te presente.

ISAIAS 41:10
NO TEMAS, PORQUE YO ESTOY CONTIGO; NO DESMAYES PORQUE YO SOY TU DIOS QUE TE ESFUERZO; SIEMPRE TE AYUDARE, SIEMPRE TE SUSTENTARE CON LA DIESTRA DE MI JUSTICIA.

9. Disfrutan la vida y la aprovechan: El que tiene una mente fuerte en Cristo sabe que vino a este mundo a servir a ayudar a su semejante, a aprender hacer mejor, no pierde su tiempo yendo por la vida, siendo piedra de tropiezo para nadie, más bien va levantando al caído, disfruta cada instante de su vida porque comprende que Dios se la dio para una razón importante, ve cada nuevo día la misericordia de Dios en su vida y la valora, riendo, contemplando la belleza en cada cosa, cada animal, en la naturaleza que Dios creo.

PROVERBIOS 8:35

PORQUE EL QUE ME HALLE, HALLARA LA VIDA, Y ALCANZARA EL FAVOR DE JEHOVA.

10. Son agradecidos: Reconocen y agradecen a Dios por todo y en todo tiempo, en los momentos altos de la vida, así como en la adversidad, porque entienden que Dios todopoderoso está en control y que ese abrigo es el que acobija su vida, tienen esa paz que sobre pasa todo entendimiento.

1 TESALONICENSES 5:16-17-18
ESTAD SIEMPRE GOSOZOS.
ORAD SIN CESAR.
DAD, GRACIAS EN TODO, PORQUE ESTA ES LA VOLUNTAD DE DIOS PARA CON VOSOTROS EN CRSITO JESUS.

QUE NADIE MENOSPRECIE TU VALOR

Te invito en este momento a que entremos a una nueva dimensión de conocimiento, para eso es necesario que abras tu mente y tu corazón. Y oro al padre eterno para que este tema llegue a lo más profundo de tu vida y que haga el cambio que necesita hacer.

Te ha sucedido que tu estas caminando por la vida, con una gran sonrisa, pero la realidad es que adentro de tu ser lo que hay es una gran infelicidad, ¿de una vida sin sentido? Eso te grita que la vida es dura, pero quiero que recuerdes este hermoso versículo en el libro de:

ISAIAS 41:10

NO TEMAS, PORQUE YO ESTOY CONTIGO; NO DESMAYES, PORQUE YO SOY TU DIOS QUE TE ESFUERZO; SIEMPRE TE AYUDARE, SIEMPRE TE SUSTENTARE CON LA DIESTRA DE MI JUSTICIA.

Puedes estar seguro(a) que tu sonrisa, vale más que mil lágrimas, la vida podrá tener muchos momentos oscuros e incluso se te presentaran situaciones donde creerás que ya nada tiene sentido y que es mejor no seguir adelante, todos(as) en algún momento pasamos por alguna etapa donde nos sentimos abajo. Pero eso es producto de tu pensamiento, es lo que ellos te quieren hacer creer, caemos en grandes errores, buscando consejo en lugares equívocos.

Inventamos todo lo que cambiaríamos de nosotros mismos y empiezas a indagar en tu mente sobre todo lo negativo de tu propia persona e incluso a sacar el pasado acusador.

A esos pensamientos es tiempo de ponerles un alto, hay que callarlos, es justo y necesario convertir lo negativo a positivo, tu estarás pensando que para mí es muy fácil decírtelo. Y mi respuesta es que estas en lo correcto, en este momento sí, pero en un momento de mi vida no lo fue, hasta que la ayuda de Dios llego. El eterno me brindo su apoyo absoluto y me entrego su amor puro, e incondicional, yo fui acobijada por sus brazos, cuando le creí completamente a él.

PROVERBIOS 3:5-6

FIATE DE JEHOVA DE TODO TU CORAZON, Y NO TE APOYES EN TU PROPIA PRUDENCIA.

RECONOCELO EN TODOS TUS CAMINOS Y EL ENDEREZARA TUS VEREDAS.

Estoy completamente segura de que, si Dios hizo conmigo esa gran obra, brindándome su guía y ayuda, lo hará contigo también, yo no creo en las casualidades, estoy convencida que las casualidades no existen, lo que si existen son conexiones celestiales. Y si estas leyendo esto, es porque Dios ya tenía este plan para ti, y que, de esta forma, puedas experimentar el mismo encuentro que yo viví al ser confrontada, por medio de su palabra, para tener los más grandes consejos. Los cuales han sido una verdadera bendición en mi vida.

Dios está pidiendo al ser humano que se deje amar, que se ame y respete más, porque hay una urgente necesidad de alinear, el espíritu, alma y cuerpo. Para que podamos gozar de la vida que él nos quiere dar. A nuestro padre le duele cuando sufrimos, pues el ya pago el precio, para que como hijos gocemos de esa añorada libertad.

SALMOS 34:19

MUCHAS SON LAS AFLICCIONES DEL JUSTO, PERO DE TODAS ELLAS LE LIBRARA JEHOVA.

Él ya lo prometió en su palabra, nos librara de cada cadena mental, que no nos permite avanzar y ver lo mejor de la vida, claramente tienes que estar de acuerdo que para Dios tu eres lo más importante, creo fielmente en él y estoy totalmente convencida que Dios te quiere ver en lugares altos, él no te quiere ver derrotado(a) o caído(a) entonces cual sería el sentido de haberte dado vida. Lo grande de Dios es que en el hay plenitud demostrándote sus múltiples bendiciones, y sabemos que solo en él lo podemos encontrar, si te has dado cuenta este libro ha empezado desarrollándose de una forma donde se nos da la oportunidad de aprender a trabajar en el hombre interior, esta es la guía que el Espíritu de Dios ha dado, de esta forma mostraremos en el exterior lo grande, poderoso y maravilloso que cada uno de nosotros portamos. Dios nos demuestra por medio de estas letras lo valioso que somos, y nos dice; ¿quieres ver una de las tantas maravillas que yo cree? Te invito a que te veas en un espejo, jamás dudes de tu gran valor y como ser humano, no permitas que nadie ponga en duda o menosprecie quien tu eres, mi creación es perfecta, yo no me equivoco te dice el padre que te creo. Si anteriormente no te has valorado, Te enseñare como hacerlo, yo te conozco pues antes que nacieras yo ya sabía que ibas a existir, yo se tu potencial y todo lo que hay adentro de ese ser humano, que muchas veces el mismo(a) se ha saboteado.

JEREMIAS 1:5

ANTES QUE TE FORMASE EN EL VIENTRE TE CONOCI, Y ANTES QUE NACIESES

TE SANTIFIQUE, TE DI POR PROFETA A LAS NACIONES.

Tu creador te conoce de manera tan específica, y sabe más que nadie, tu enorme valor.

El primer paso para esta lección es aceptar que tenemos un problema y tomar la decisión de que quiero y tengo que verme como Dios me ve, no es un juego se trata de mi propia vida. Para enfrentarlo hay que poner toda la voluntad que sea posible, y entender cómo te lo he dicho en repetidas veces que eres la razón del amor de Dios.

1 JUAN 4:10

EN ESTO CONSISTE EL AMOR: NO EN QUE NOSOTROS HALLAMOS AMADO A DIOS, SINO EN QUE EL NOS AMO A NOSOTROS, Y ENVIO A SU HIJO EN PROPIACION POR NUESTROS PECADOS.

1 SAMUEL 16:7

Y JEHOVA RESPONDIO A SAMUEL: NO MIRES SU PARECER, NI LO GRANDE DE SU ESTATURA, PORQUE YO LO DESECHO; PORQUE JEHOVA NO MIRA EL HOMBRE; PORQUE EL HOMBRE MIRA LO QUE ESTA DELANTE DE SUS OJOS, PERO JEHOVA MIRA EL CORAZON.

ROMANOS 5:8

MAS DIOS MUESTRA SU AMOR PARA CON NOSOTROS, EN QUE, SIENDO AUN PECADORES, CRISTO MURIO POR NOSOTROS.

1 JUAN 3:1

MIRAD CUAL, AMOR NOS HA DADO EL PADRE, PARA QUE SEAMOS LLAMADOS HIJOS DE DIOS; POR ESTO EL MUNDO NO NOS CONOCE, PORQUE NO LE HA CONOCIDO A EL.

Dios te ama demasiado, con los errores cometidos, con los aciertos y desaciertos, dudas o temores, con cargas, preocupaciones y con heridas, el está dispuesto a ayudarnos, Dios jamás se ha alejado de ti, él sabe a la perfección quién eres tú. Lo que has sufrido y cuantas veces la vida te ha golpeado. El no está ajeno a tus fracasos anteriores, él nunca te ha dejado solo(a) en este momento que estas leyendo, él te está viendo y al mismo tiempo te está hablando, porque necesita que sepas que él te ha amado con amor eterno. Dios quiere que guardes las palabras que te está diciendo y que las coloques como un sello en tu corazón, en algún momento te has sentido que nadie te quiere y que la vida misma te traiciono negándote oportunidades que verdaderamente habías esperado. Sientes que no eres aceptado(a) en ningún lugar e incluso muchas veces no sientes afecto por ti mismo(a).

Como seres humanos nosotros somos los peores críticos con nosotros mismos, porque no demuestras tu amor propio, escucha, para Dios eres el hijo(a) que tanto ama, pues fuiste creado(a) a su imagen y semejanza, es tiempo de quitar de tus pensamientos todo lo que opaca quien realmente eres, enfócate en lo que Dios piensa de ti, no en lo que los demás piensen, no dependas de las opiniones de personas que no te quieren ver mejores que ellos, y que nunca harás felices porque realmente no saben el poder del valor o amor hacia el prójimo, por tu bienestar físico y mental, pon la mirada en Dios, lee las sagradas escrituras, cuando empecé a estudiar la biblia entendí este tema completamente, yo encontré esas confortables palabras donde Dios me dice, que yo valgo mucho, que soy la niña de sus ojos, lo mismo te está diciendo a ti. Fuiste creado(a) para brillar, para alumbrar a otros, pero el punto más importante es amarme, Dios tiene para ti algo más grande de lo que hoy estas viviendo, no importa, raza, color, nivel educativo o clase social, lo de él es grande, hermoso, único e incomparable, tú eres la obra más grandiosa que fue creada del corazón del eterno, su santo Espíritu te quiere mostrar el valor tan grande que tienes y si te lo repite una y otra vez, es porque de verdad espera que lo entiendas, por ese motivo en esta segunda parte iniciara hablándote acerca del amor.

¿Qué es el amor?

El amor es una expresión máxima, que se le entrega a una o varias personas, es una acción genuina, donde existe el sacrificio, cuando hay amor, hay una estabilidad emocional que se puede reflejar en todas las áreas de nuestras vidas. Porque si el amor existe dentro de ti, todos y cada uno de tus movimientos van dirigidos de forma cálida, dulce, amorosa y única.

En el interior de cada uno de nosotros hay diferentes tesoros. Cada cosa negativa que encontremos será una liberación interna, que nos servirá para sacar lo que no deja ver lo bueno que tenemos.

Muchas veces queremos introducir personas buenas a nuestras vidas, personas que sumen y no que resten, pero como lo lograremos sino nos amamos lo suficiente, tenemos que cambiar ideas tristes y creencias acerca de lo que significa amarse a uno mismo, no se trata de ego, se trata de respetarse, darse el lugar que a cada uno le corresponde, saber lo que merecemos, como hijos de un Rey. Hace un tiempo tuve la grata oportunidad de leer un libro que lleva por nombre. "Reyes comiendo migajas" muchas veces al no amarte es lo que estas provocando, aceptas lo que sea, te conformas con lo que hay, crees que no mereces más, incluso si Dios te bendice sientes que es algo inmerecido(a). tienes que aprender a controlar esa parte de tu vida, que solo te sirve como una piedra de tropiezo que de manera individual la estas atravesando en tu camino. **"Que nadie menosprecie tu valor"**, también significa, que tú mismo no lo hagas.

No debes sabotearte a ti mismo, porque eso te hace ser mal administrador aun de tu propia vida y a Dios eso no le agrada. Es importante hablarse a uno mismo, puedes decirte frases acerca de que tu vida es más de lo que tú mismo(a) piensas, no viviré en pobreza mental, escuchare solo pensamientos positivos, le pediré al Espíritu Santo que me ayude a discernir de dónde vienen esos pensamientos. No seré la persona que tenga necesidad de mendigar amor, porque el amor de Dios lo llena todo en mí, estoy consciente que las amistades que me amen jamás traicionaran mi amor propio hiriéndome o tratando de destruirme como ser humano, quien me ame es porque encontrara todo lo que Dios me dice que soy, como hijo(a) de Dios soy más de lo que yo creo y merezco más de lo que yo tengo, porque la palabra para mi vida ya fue dada, no aceptare críticas de quien no sea un ejemplo de superación, yo saldré adelante, para ser luz y alumbrar a quien necesite de mí. Estoy decidido(a) a emprender el desafío más grande que he tenido, el de ayudar a mi espíritu, alma y cuerpo y conocerme más interiormente para proseguir hasta la meta final, caminando directo, a mi salvación eterna, sacando este valor que Dios me ha dado lo voy a lograr, dando un paso diario de fe, para mejoramiento de mí mismo(a) y subiendo un escalón a la vez, sin destruir a nadie, solo construyéndome a mí mismo(a) de ahora en adelante, jamás permitiré que nadie menosprecie mi valor.

Acepto que el cambio puede ser difícil o fácil, eso depende de la disposición que yo tenga para lograrlo, pero debes empezar este vuelo como lo hace el águila y reinventarte, Dios te da nuevas oportunidades y te dice, se amable contigo mismo(a) sacando lo bueno que hay en ti y olvidando el pasado y lo negativo. Lucha con la mayor fuerza por ese cambio, hasta que lo hallas obtenido y te sientas diferente, te aconsejo que ames más lo bueno que hay en ti, acéptate así como Dios te creo incluso si hay una imperfección física, eso no determina la belleza de una persona, quien te ame sinceramente, vera que eres único(a) habla contigo mismo(a) diciéndote frases motivadoras cada mañana Dios nos demuestra sus misericordia, no se te olvide decirle gracias y en ese momento anima tu mente recordando que tú eres lo más especial para Dios y para quienes te rodean. Te aseguro que después que empieces a amarte, serás fuerte con la ayuda de Dios, tus manos laboriosas se prepararan para hacer grandes proyectos apoyados por Dios, porque en su palabra está el sí y el amen, él es quien bendice y quien prospera, te volverás en una persona creativa, empoderado(a) nadie podrá apagar esa grandeza que Dios ya determino en tu vida.

Te darás la oportunidad de ser feliz porque sabes que es lo que mereces, veras el valor de la familia y de los demás, porque ahora has encontrado el amor propio, amaras con más fuerza y servirás a los demás sin esperar nada a cambio, el logro de otros no será problema para ti, porque tú ya has logrado todo lo que Dios tenía para tu vida. Nunca más te llamaran victima porque ahora ya tienes en tus manos la bandera de la victoria. Serás amigo(a) de ti mismo(a) porque el enemigo más grande que has tenido para no superarse has sido tu. Pero ahora que ya entendiste no será así, y por último te recuerdo que es muy delicado y contraproducente estar diciendo palabras hirientes a uno mismo, esas palabras solo dañan tu salud física y emocional, jamás repitas algo que al final te lo puedes creer y lo único que lograras es retroceder, debes seguirte educando por medio de la palabra que es la única que nos guía a toda verdad, hay que dejarse consentir por los brazos y los consejos de nuestro maestro.

Lo más hermoso que tenemos es nuestra invaluable salvación, debemos cuidarla con temor y temblor, pero mientras estemos en este mundo recuerda hay que escudriñar y estar totalmente alineado de Espíritu, alma y cuerpo. este libro inspirado por el Espíritu Santo de Dios quiere que seamos INDESTRUCTIBLES.

VERSICULOS DE PODER "ESCUCHA A DIOS HABLAR"

ISAIAS 60:1-2

LEVANTATE, RESPLANDECE; PORQUE HA VENIDO TU LUZ, Y LA GLORIA DE JEHOVA HA NACIDO SOBRE TI.

PORQUE HE AQUÍ QUE TINIEBLAS CUBRIRAN LA TIERRA, Y OSCURIDAD LAS NACIONES; MAS SOBRE TI AMANECERA JEHOVA, Y SOBRE TI SERA VISTA SU GLORIA.

Dios ha depositado grandes cosas, en nuestras vidas y en este momento nos muestra su hermosa salvación, cuando la luz de Dios llega a tu vida, puedes sentir esa seguridad, esa paz y confianza que solo proviene de él, Permite que esa maravillosa, luz eche afuera todo temor y de su efecto, cuando su gloria nace en nosotros, los demás lo pueden observar.

ISAIAS 41:10

NO TEMAS, PORQUE YO ESTOY CONTIGO; NO DESMAYES, PORQUE YO SOY TU DIOS QUE TE ESFUERZO; SIEMPRE TE AYUDARE, SIEMPRE TE SUSTENTARE CON LA DIESTRA DE MI JUSTICIA.

En DIOS tenemos la victoria, porque él nos está sosteniendo, ¡él no nos abandona! Es bueno saberlo, esa palabra nos llena de confianza, no estamos solos.

1 TIMOTEO 6:12

PELEA LA BUENA BATALLA DE LA FE; ECHA MANO DE LA VIDA ETERNA, A LA CUAL ASIMISMO FUISTE LLAMADO, HABIENDO HECHO LA BUENA PROFESION DELANTE DE MUCHOS TESTIGOS.

Para ganar la buena batalla, necesitamos pelear con toda nuestra fe, nada de este mundo tiene valor para distraerte, Mantén tu mirada en el blanco perfecto, Dios ya nos tiene el premio y es una vida eterna.

SALMOS 46:1-3

DIOS ES NUESTRO AMPARO Y FOTALEZA, NUESTRO PRONTO AUXILIO EN LAS TRIBULACIONES. POR TANTO, NO TEMEREMOS, AUNQUE LA TIERRA SEA REMOVIDA.

Y SE TRASPASEN LOS M ONTES AL CORAZON DEL MAR; AUNQUE BRAMEN Y SE TURBEN SUS AGUAS,

AUNQUE TIEMBLEN LOS MONTES A CAUSA DE SU BRAVEZA.

En medio de cualquier adversidad, Dios está contigo pues nuestro auxilio solo viene de él, dependamos de su poder, él es quien fortalece nuestras vidas, aunque el mundo se derrumbe, él es nuestro amparo, si sientes que tu barca está a punto de naufragar, solo recuerda que Dios va allí contigo y el con una palabra terminara esa tempestad.

DEUTORONOMIO 31:8

Y JEHOVA VA DELANTE DE TI; EL ESTARA CONTIGO, NO TE DEJARA, NI TE DESAMPARARA; NO TEMAS NI TE INTIMIDES.

El eterno te dice estas dulces palabras, no estás solo(a) cuentas con la presencia de Dios y si lo tienes a él, lo tienes todo, es tan importante ver lo que hace, porque en las luchas, él no se olvida, no se esconde, al contrario, él va delante.

Nunca dudes del amor y poder de Dios, no te desesperes y no permitas jamás en tu vida que tu mente le gane a tu fe, no des todo por perdido o terminado, Hoy Dios te deja estas palabras; yo soy el dueño de tus sueños y te prometo que estoy trabajando, no te enfoques nunca más en los errores del pasado, mira las metas que Dios preparo delante de ti, si diariamente piensas de esta forma, veras como cambiara tu perspectiva de la vida. Cada nuevo día, es el reflejo de la nueva oportunidad creada para ti, aunque la vida, pegue fuertes golpes algunas veces, los hijos de Dios, no estamos solos, contamos con su respaldo, su amor, compañía, fuerza, voluntad y sobre todo con ese gran poder, mantente firme ante cualquier circunstancia, los vencedores son los que en su vida decidieron jamás rendirse, cuando pienses en rendirte, hazlo a los pies de Jesucristo, todo lo que se pone sobre las rodillas resucita, el favor y la gracia de Dios acompaña a los hijos que son obedientes, todos en la vida te pueden fallar, pero JESUS jamás lo hará, sus sagradas escrituras es esa palabra que llena tu ser como agua fresca, llénate de su presencia, en medio de este mundo competitivo, bajo ninguna circunstancia pongas tu mirada atrás, los que ven atrás se paralizan, no te angusties por nada acerca del porvenir, si estas en las manos de Dios, él ya tiene establecidos esos designios hermosos, cosas que aún no imaginas, son las que Cristo ya determino para ti. Si quieres ver su poder solo activa esa fe, que ya está plantada en tu corazón, los tiempos de Dios son perfectos, si él te está haciendo esperar, es porque lo que tiene es más grande de lo que le has pedido. No olvides que Dios nunca llega tarde, sus respuestas son efectivas y las mejores, él quiere que levantes tus alas y empieces a volar en su nombre, el determino un nuevo día para ti, deposita tus planes en sus manos, y te aseguro que serán un éxito. No más momentos angustiantes, Dios está en este instante cambiando tus lagrimas por sonrisas, tu padre nunca te ha ignorado, solo estaba esperando este momento para recordarte, que, en tus fuerzas, no podrás, pero con el todo es posible, todo lo que sucede en ti, es con un propósito y una razón, Dios tiene el control. Los problemas podrán venir, pero Dios es más grande que cualquier problema. Puedes ver que ni la muerte, pudo detenerle, acepta las correcciones de tu maestro, eso te ayudará a mejorar tu vida, te hará más sabio, el que quiere aprender, busca la sabiduría en Dios y se corrige, orar es la mejor clave, para estar conectado(a) con Dios, alinea tu espíritu, alma y cuerpo. sí permites que Dios, con su poder, arregle tu interior, has alcanzado la victoria de un ser, libre e indestructible.

NOTAS

Made in the USA
Columbia, SC
30 November 2022

72185169R00069